SÔSEKI
HAIKUS

TRADUCTION DE
ELISABETH SUETSUGU

Éditions
Philippe Picquier

© 2001, Editions Philippe Picquier
Mas de Vert
B.P. 150
13631 Arles cedex

Photogravure : Photogravure du Pays d'Oc
Conception graphique de la couverture : Picquier & Protière
Source des illustrations : *Zusetsu Sôseki Taikan*, Kadokawa Shoten, 1981 ;
Sôseki Shoga Shû, Iwanami Shoten, 1976 et musée de Littérature japonaise
moderne pour la photographie page 8

ISBN : 2-87730-562-7

PRÉFACE

Le dicible et l'indicible

L'homme exprime ses émotions et ses pensées à l'aide des mots. On a coutume au Japon de dire que « les yeux parlent autant que la bouche », mais personne ne viendra nier qu'il serait vain de prétendre transmettre à autrui le fond de sa pensée sans avoir recours au langage. Certes, les mots ne sont pas seulement destinés à communiquer. A tout instant, qu'on se trouve seul livré à ses pensées ou aux sensations, ils jaillissent sans qu'on ait besoin de les prononcer. Même, c'est dans ces moments où des nuages viennent embrumer notre cœur ou notre esprit que les mots voltigent en tout sens, car leur vocation est de remettre en ordre l'orientation de notre pensée, dont il conviendrait peut-être de dire que nous prenons alors conscience pour la première fois. Notre esprit est ainsi réduit à une sorte d'immobilité, jusqu'à ce que nous découvrions ce qu'il serait convenu d'appeler la *parole*. Lorsqu'à travers elle nous découvrons ce vers quoi tendait notre pensée, alors une nouvelle pensée, un nouveau sentiment sont découverts à leur tour, et sans erreur possible, un nouvel état d'esprit peut naître et se développer. Ainsi vivons-nous par les mots et nous mourons en prononçant nos dernières paroles.

Cependant, il n'est pas dit que tout un chacun dispose comme il l'entend de la possibilité de transformer en mots l'intérieur de son cœur. On serait même plus proche de la vérité en disant que, quotidiennement, nous faisons l'expérience de l'insuffisance du langage face au trop-plein de sens. De fait, il est indéniable que logent au fond de notre cœur des pensées qui sont indicibles. Comment pouvons-nous prendre conscience des idées qui débordent le langage ? J'ignore pour ma part quelle interprétation peut en être donnée, du point de vue de la psychologie. Naguère, dans un livre traitant de zoologie, j'ai lu une hypothèse sur la transmission, chez les oiseaux migrateurs, du message leur indiquant l'instant du départ. Selon cette hypothèse, ce n'est pas un oiseau qui donne le signal du départ, mais l'envie de partir s'empare de l'un d'eux, se propage sous une forme ou une autre pour devenir la pulsion de l'ensemble, avant d'engendrer l'envol de tous les oiseaux d'un même mouvement. L'être humain, en s'appropriant le privilège de la parole, aurait en contrepartie perdu le pouvoir de communiquer à l'autre son état d'âme de façon immédiate. L'auteur de l'ouvrage écrivait que s'il restait à l'homme la moindre parcelle de cette faculté de communiquer son état intérieur, c'était quelque chose qui n'était pas sans ressemblance avec le phénomène du bâillement.

Dans le recueil présenté ici, on trouve ce haiku du printemps 1897 :

Journée de printemps qui s'étire
Un bâillement entraîne l'autre
Deux amis se quittent

qui est un adieu de Sôseki à un ami qu'il n'aura pas l'occasion de voir de longtemps. Alors que l'émotion frappe à la porte, une sorte de nonchalance détachée se dégage de ce haiku, qui respire presque la désinvolture. La légèreté le caractérise, ou encore le sourire. Que le bâillement se communique, point n'est besoin pour l'expliquer de se référer à l'hypothèse de l'ornithologue évoquée tout à l'heure. En l'occurrence, l'état d'âme qui s'est extériorisé sous la forme du bâillement échangé participe à n'en pas douter d'un sentiment réciproque de réconfort et de tendresse, dans l'ignorance partagée de la prochaine rencontre. Pour maintenir ce sentiment enfoui au plus profond, l'expression est délibérément nonchalante et légère. Et l'émotion inhérente à la séparation y gagne peut-être en densité. Les mots ne sont pas la seule voie pour livrer le fond de son cœur.

Après avoir enseigné la littérature anglaise à l'université, Sôseki s'oriente bientôt vers la création. De ce moment, et jusqu'à sa mort, il ne cessera de se définir lui-même comme « un homme de lettres ». Avec les instruments du langage, il tentera sans relâche de rendre compte de l'être humain, de la société et de la nature. La richesse de sa langue, la rigueur de l'expression font que cent ans après, au Japon et ailleurs, il continue à être lu et aimé.

Notre écrivain, à une époque où il n'était pas encore parvenu à s'appréhender lui-même en tant qu'« homme de lettres », a écrit un court texte intitulé *Jinsei (La Vie humaine)*. Sans doute le destinait-il à ses élèves du Lycée supérieur de Kumamoto. Dans ces pages, il est dit que celui qui a la réputation d'être le courage incarné peut faire preuve de lâcheté au moment d'affronter le danger ; au contraire, celui qui passait pour un lâche est capable de se montrer audacieux sur le champ de bataille, quand il doit passer à l'action. Sôseki ajoute qu'en géométrie, il suffit de deux points pour tracer une droite,

mais que s'agissant de l'orientation de sa propre vie, deux points, trois, cent même sont impuissants à la fixer. Et il continue en disant : « La vie n'est pas réductible à une idée, et le roman ne fait qu'en suggérer une conception. Or, s'il est admis qu'on évalue la hauteur des côtés d'un triangle à l'aide de sinus et de cosinus, comment pourrait-on mesurer le "triangle à deux côtés" qui se trouve dans le cœur de chacun ? », sorte de profession de foi qui stipule que le roman ne saurait rendre compte dans sa totalité de la vie réelle. En prolongement, c'est aussi l'affirmation que la psychologie humaine recèle des aspects que le langage n'est pas en mesure d'exprimer.

Même après s'être affirmé en tant qu'« homme de lettres », Sôseki n'a jamais cessé de porter un poids tout au long de sa vie, déchiré jusqu'au bout entre la volonté de tout exprimer et la conscience de ce que le cœur renferme d'inexprimable. L'écriture de Sôseki passe pour être claire et précise. Mais la source de son style, ce qui est à l'origine du charme complexe qu'il dégage, n'est-ce pas justement la présence diffuse d'une sorte d'inexplicable ? (Nous

Sôseki en avril 1910.

pourrions citer comme exemple Kenzô, le héros du roman *Les Herbes du chemin*, dont les propos souvent d'une franchise brutale sont aussi l'expression d'une sincérité qui va trop loin et l'entraîne jusqu'à la transgression.) Comment donc lire les haikus de Sôseki ?

Parmi ses disciples il s'en trouve un qui deviendra par la suite un physicien de renom, Terada Torahiko, connu également pour la qualité de sa plume qui lui vaudra de voir certains de ses essais scientifiques cités parfois dans les manuels. L'époque où Sôseki rédigea *La Vie humaine* correspond à celle où il se donna à la composition de haikus avec le plus de passion, et c'est lui qui initia l'étudiant qu'était alors Torahiko à leur écriture. D'après les souvenirs de ce dernier à propos des leçons qu'il reçut de Sôseki, à la question : « Qu'est-ce qu'un haiku ? », la réponse fut la suivante : en premier lieu, le haiku est un concentré de rhétorique, en second lieu, il est un univers irradiant à partir d'un point focal, comme le rivet d'un éventail qui permet de maintenir ensemble toutes ses branches.

Et de donner comme exemple de haiku de qualité :

> *O vent d'automne*
> *De l'arc de bois immaculé*
> *La corde qui se tend*

Apparemment, Sôseki n'a mentionné ni le nom de son auteur ni les raisons qui en font une réussite. Au risque de nous éloigner du sujet, nous voudrions expliquer quelque peu le propre regard de Sôseki sur les haikus. Celui qu'il donne en exemple est dû à la plume de Mukai Kyorai, un disciple de Bashô de l'époque d'Edo. L'arc immaculé est littéralement un arc en bois *blanc*, qui a seulement été taillé et n'est encore ni verni ni enjolivé par un quelconque ornement. Il s'agit d'un instrument à l'état naturel, brut. Le vent s'est levé à l'instant où le tireur s'apprêtait à bander son arc et à viser la cible. Ce poème rend parfaitement la tension de l'atmosphère à cet instant. Le corps qui s'était ramolli sous la chaleur se ressaisit avec la sensation de fraîcheur, le geste vers l'objet est suggéré ainsi que le mouvement en direction de la cible : tous les éléments se rassemblent vers le même point, provoquant une impression aiguë. De même que tout un chacun *sent* l'existence de la cible face à la concentration de l'être entier qui la vise, à nous qui lisons ce haiku se communique habilement la sensation que tous nos sens convergent vers le point focal. Force nous est de reconnaître que les deux conditions émises par Sôseki se trouvent ici remplies de façon parfaite. (Signalons au passage que, bien que le lien délicat qui unit les saisons et les couleurs se soit considérablement atténué pour les Japonais d'aujourd'hui, selon les correspondances qui nous ont été transmises depuis la Chine ancienne, l'automne est *blanc*, et bien entendu, ce rapport est présent à l'esprit de l'auteur de ce haiku, qui use sans faille de rhétorique.)

Le haiku de Sôseki qui figure dans ce recueil est en son genre une réussite :

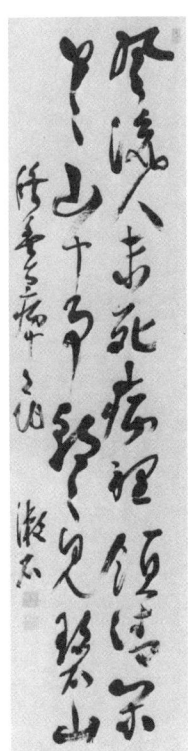

Ciel d'automne
La hache traverse l'air ambré
Un cryptomère oscille

Même s'il n'atteint pas le niveau de celui cité précédemment, il me semble que la sensation aiguë qui afflue vers la cognée est habilement suggérée. La lame elle-même, l'arbre qui va être abattu, le tranchant qui étincelle, le craquement qui retentit, la pureté du ciel bleu teinté de jaune léger, la sécheresse de l'air, tous les éléments s'unissent pour conduire le lecteur vers cette impression.

Le haiku est un art qui abhorre l'expression directe du sentiment. Nous l'avons déjà vu avec le poème apparemment désinvolte du bâillement, le propos n'est pas de manifester ouvertement la douleur, la tristesse ou la joie. D'ailleurs, comment pourrait-on contenir la violence des

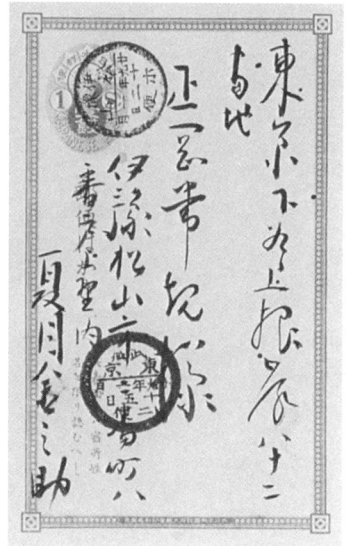
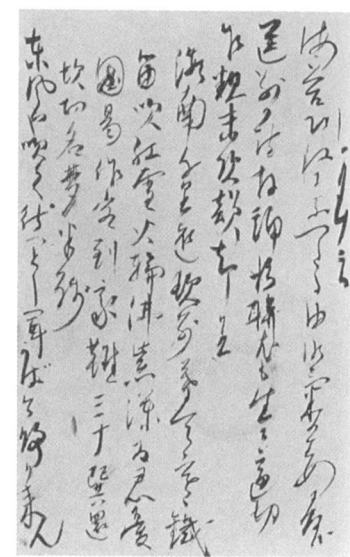

Carte de Sôseki à Masaoka Shiki.

sentiments dans dix-sept syllabes ? Il n'en reste pas moins vrai que l'expression d'un sentiment violent n'est pas absente de cette forme poétique.

> *Que la tombe aussi remue*
> *N'entends-tu pas mes pleurs*
> *Que porte le vent d'automne*

Dans ses *Critiques littéraires*, Sôseki cite ce haiku comme « le paroxysme du chagrin en dix-sept signes ». En voici l'original : *Tsuka mo ugoke / waga naku koe wa / aki no kaze*. Lors d'un voyage en province, Bashô avait l'intention de rendre visite à un de ses disciples dont il apprit la mort, qui lui inspira ce poème. Peu importe qu'il soit ou non de Bashô, point n'est besoin de savoir qui repose sous la terre, jeune homme ou vieillard, il est indéniable que la limite de la douleur a trouvé ici son expression. Il semble que ce haiku ait rencontré un puissant écho chez Sôseki, car il se servit du même ton à deux reprises, dans des versets modernes (*shintaishi*). Lui aussi a composé plusieurs haikus en guise d'épitaphes. On en trouvera dans ce recueil qui lui furent inspirés par la mort de son ami de jeunesse, Masaoka Shiki, père du haiku moderne, ainsi que celui qu'il rédigea à la mémoire de celle qui fut peut-être l'objet de ses pensées, Otsuka Kusuoko, la belle et jeune épouse de son ami. Parmi les haikus composés à la mémoire de Shiki (cinq en tout, dont quatre présentés ici), figure celui-ci :

Les susuki sont de retour
Nul ne les invite sur terre
Ami que ne reviens-tu

Le texte japonais : *Manekazaru / susuki ni kaeri / kaeru hito zo* est d'une interprétation délicate. Shiki est mort en septembre 1902, à l'automne donc. Les *susuki* sont un élément privilégié du paysage poétique automnal. Leurs épis souples s'inclinent au moindre vent et évoquent dans la tradition

japonaise l'invitation, le signe, l'appel. Ici, la forme verbale est négative, les *susuki*, littéralement, n'invitent pas. On peut aussi déceler une allusion au tempérament fougueux du poète, qui ne semblait guère s'embarrasser d'être ou non convié pour se présenter quelque part. Si l'automne appelle immanquablement les *susuki*, il n'en va pas de même de l'être cher. C'est de cette manière que Sôseki a exprimé sa tristesse d'avoir perdu un ami qui, appelé ou non, ne remontera plus jamais du séjour des morts. Quant à Sôseki, il était encore à Londres et avoue lui-même qu'il ne baignait pas dans une atmosphère propre à susciter le moindre haiku. Force nous est d'apprécier ces compositions en fonction du jugement même de leur auteur.

Qu'en est-il des deux haikus écrits à la mémoire de l'épouse de son ami ? En voici un : *Aru hodo no / kiku nageireyo / kan no naka.*

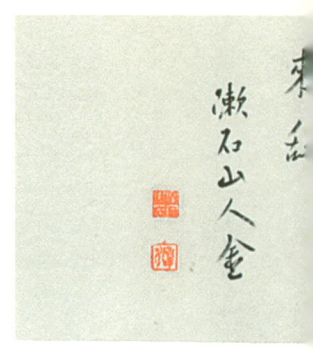

Remplissez son cercueil
De tous les chrysanthèmes du monde
Autant que la terre en peut fleurir

Ce haiku jouit d'une grande faveur parmi les lecteurs de Sôseki, mais les puristes semblent le considérer d'un œil moins indulgent. Sans doute l'expression est-elle par trop directe. Cependant, quand on connaît le contexte dans lequel est né ce poème, comment ne pas y souscrire ? Je m'explique. Sôseki lui-même relevait alors d'une grave maladie dont il avait failli mourir et se trouvait immobilisé dans sa chambre d'hôpital. D'ailleurs, sans même tenir compte de ces circonstances, comment pourrait-on négliger le fait qu'il apprend la mort d'une femme pour laquelle il nourrissait des sentiments complexes ? Il est dans l'impossibilité d'assister aux obsèques de cette femme belle, intelligente, que tout normalement destinait à être heureuse. Lui qui n'a pas la liberté de déposer dans le cercueil une seule fleur, il veut qu'à sa place on y mette « tous les chrysanthèmes du monde ». Ne croirait-on pas entendre son cri à la lecture de ce haiku ? Le verbe employé ici, *nageireru*, utilisé à la forme impérative, signifie littéralement « mettre en jetant ». Il n'a évidemment pas de signification réelle, mais dans la mesure où lui-même est immobilisé, le geste suggéré se fait violent, la profusion des fleurs infinie, tentative désespérée pour qu'au moins son émotion s'exprime.

A n'en pas douter, Sôseki abritait dans son cœur quelque chose qu'il ne parvenait pas à rendre à l'aide des mots. Et, bien qu'en peu d'exemples, nous avons vu certains haikus qui montraient l'acuité de sa sensibilité, d'autres qui révélaient ses véritables sentiments. Sôseki avait à sa disposition des moyens d'expression divers, qu'il a su différencier à sa guise. Celui qui ne connaît que le procédé du haiku ne peut s'empêcher d'y fourrer tout pêle-mêle, mais Sôseki n'avait nul besoin de se contraindre, il lui eût suffi d'insérer dans ses haikus des éléments qui conviennent au genre, diront certains. Mais les lignes que Sôseki a dédiées à la mémoire de Shiki se limitent à la préface de *Je suis un chat*, de même que celles qu'il a consacrées à l'épouse défunte de son ami ne dépassent pas le cadre d'un bref texte de souvenirs. En un sens ces textes, plus que les haikus cités plus haut, marquent une grande distance par rapport

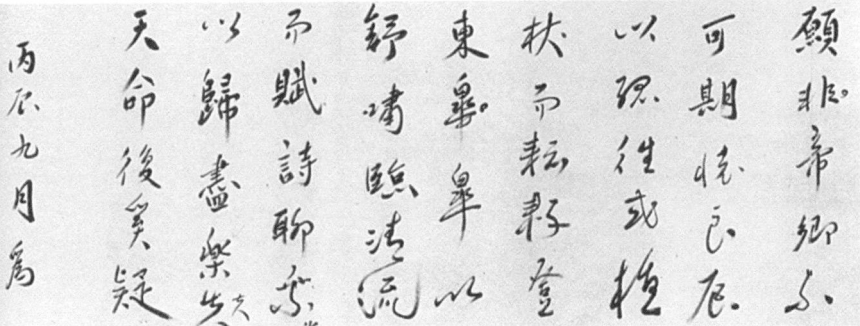

aux mouvements de son cœur susceptibles d'être exprimés. Pour ma part, je me demande même si ce n'est pas précisément la forme brève du haiku, qui doit être comme « le rivet où convergent les branches d'un éventail », qui a permis leur expression la plus directe. Les haikus de Sôseki ne se contentent pas de se conformer aux exigences de cette forme poétique, car ils sont imprégnés de sentiments aussi violents que celui qui veut que la tombe s'anime au son de la voix de ses larmes.

Je sais que je devrais m'arrêter ici. Mais je sais aussi que si je n'ajoute pas deux ou trois choses fondamentales, ces lignes resteront impuissantes à guider le lecteur dans l'univers des haikus de Sôseki.

J'y ai fait allusion plus haut, Sôseki a reçu des leçons de composition de haiku de Masaoka Shiki. Tous deux sont nés la même année, ils ont fait leurs études ensemble. Très jeune, Shiki a manifesté son talent dans la composition et la critique des haikus, il a littéralement usé ses forces dans la fièvre qui l'animait pour le renouveau de cette forme poétique. Voici ce qu'il dit à propos de Sôseki, qui vient alors à peine de s'essayer au genre :

« Sôseki a écrit ses premiers haikus en 1895 (Meiji 28). Dès le début, j'ai décelé une originalité dans l'invention. Parmi ceux qui font preuve d'innovation, nombreux sont les poèmes qui n'appartiennent qu'à lui. » Voici un haiku parmi les douze cités par Shiki :

Essaim d'oranges
Incline les branches d'or
Le sage ignore la solitude

« La vertu n'est pas solitaire » est une expression figurant dans le livre canonique du confucianisme, *Les Entretiens*, qui réunit les préceptes de Confucius. Celui qui irradie la vertu ne sera jamais seul, il rencontrera immanquablement quelqu'un pour le comprendre. Des mots de cette nature, chargés d'une si lourde signification, sont pratiquement impensables dans le mode

d'expression du haiku. Que cela soit rendu par l'évocation d'un verger planté de mandariniers dont les fruits parvenus à maturité regorgent de suc, est la marque de cette originalité exceptionnelle dont parle Shiki. Celui-ci continue en disant : « Sôseki possède également le sens du comique. » Et il propose, entre autres :

> *Riant de son inutilité*
> *Le luffa s'étire*
> *A n'en plus finir*

Comme autres particularités, Shiki relève l'utilisation de mots chinois, le recours à des termes de la langue vulgaire, l'insertion d'expressions inhabituelles, et le fait qu'en même temps les haikus de Sôseki ne sont en aucun cas seulement humoristiques ou singuliers, ceux qui sont puissants le sont infiniment, ceux qui sont graves le sont jusqu'à la limite. Et il en cite une vingtaine, dont :

> *Vent d'hiver*
> *Qui précipite dans la mer*
> *Le soleil couchant*

Les appréciations de Shiki concernent les haikus composés avant 1896 (Meiji 29), mais les caractéristiques évoquées imprègnent l'ensemble de la production de Sôseki.

A peu près au même moment que le haiku à la mémoire de la femme de son ami, on trouve celui-ci qu'il composa après avoir recouvré quelques forces à la suite de l'hémorragie qui l'avait laissé entre la vie et la mort :

> *Comme il résonne*
> *Le martèlement du pieu*
> *Dans la rivière d'automne*

C'est l'un des haikus qui figurent dans *Choses dont je me souviens*, et
Sôseki s'explique lui-même sur le contexte dans lequel il lui fut inspiré :

« Ce haiku m'est venu spontanément à l'esprit une dizaine de jours envi-
ron après que je suis revenu à la vie. La limpidité du ciel d'automne, le large
lit de la rivière, et au loin, le retentissement des coups... encore maintenant,
je me souviens que ces trois éléments se croisaient dans ma tête sans cesse,
bien que de subtile façon, et étaient en parfaite correspondance avec mes
impressions. »

Il est évident qu'on y trouve mêlés trois éléments, la limpidité du ciel
d'automne, la rivière au lit large, et le retentissement de la cognée. Mais où
se situe donc la différence entre le simple alignement de ces trois éléments et

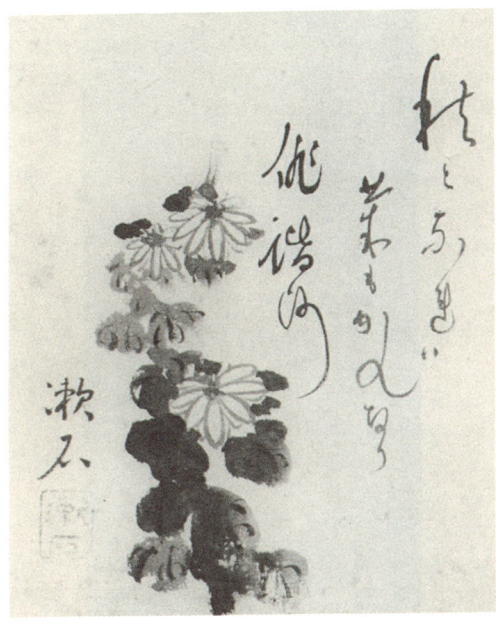

le poème de dix-sept syllabes ? Ce que nous autres Japonais ressentons à la
lecture et ce qu'un lecteur français est à même d'éprouver à travers la tra-
duction, indépendamment de la qualité de celle-ci, ne saurait être identique.
Mais peu importe le japonais ou le français, la question ne sera jamais réglée.
Qu'il suffise de se rappeler ce que Sôseki lui-même déclare sans ambages
dans *Choses dont je me souviens*, après avoir noté le haiku qui fait suite à
celui-ci :

Ciel d'automne
La hache traverse l'air ambré
Un cryptomère oscille

« C'est le même état d'âme que j'ai rendu autrement », écrit-il. Preuve est faite qu'entre les mouvements du cœur et leur expression, il y a une oscillation immense, et un dynamisme. Savoir les goûter est l'un des plaisirs de la sensibilité poétique.

Avant de poser ma plume, je voudrais citer un haiku que j'aime tout particulièrement :

Sentier à la tombée du jour
Sensation oubliée
Des renouées foulées

J'ignore si ce haiku est une réussite ou non en tant que tel. Mais lorsque je l'ai lu pour la première fois, j'ai véritablement éprouvé la sensation de piétiner ces fleurs, comme une expérience nouvelle qu'il ne m'était jamais arrivé de faire par le passé... Au cours d'une promenade au crépuscule, le chemin est déjà invisible car le soir a tôt fait de tomber. Sans doute Sôseki avait-il chaussé des socques, ou encore des sandales de paille tressée. Quoi qu'il en soit, ce n'étaient pas des souliers. Et sans le vouloir, il foule ces herbes ordinaires qui poussent le long du chemin. Nul besoin que ce soit précisément des renouées. Quant à moi, c'est Sôseki qui m'a fait découvrir cette sensation. Je serais heureux de pouvoir partager ce plaisir et cette émotion avec le lecteur, en espérant qu'il lui sera donné d'éprouver une sensation de ce genre au cours de sa lecture, ne fût-ce que pour un haiku, un seul.

Akiyama Yutaka,
à Tôkyô, août 2001.

Né en 1944, Akiyama Yutaka est rédacteur aux éditions Iwanami. C'est lui qui a dirigé la dernière collection en date des *Œuvres complètes* de Sôseki, en vingt-huit volumes (plus un volume à part), dont la publication s'est achevée en mars 1999.

Quelques mots encore...

... à propos des haikus

Nous avons utilisé pour notre traduction l'édition la plus récente des *Œuvres complètes* de Sôseki, publiée aux éditions Iwanami entre 1996 et 1999. Le tome 17 contient l'œuvre poétique de Sôseki, à l'exception des *kanshi* (poèmes en chinois classique) et des poèmes rédigés en anglais, et présente les haikus (plus de 2500) dans l'ordre chronologique. Le tout premier date de 1889 (Meiji 22), les derniers sont de 1916 (Taishô 5), année de la mort de l'écrivain.

Les années les plus fécondes se situent entre 1895 et 1900, année de son départ pour Londres où l'envoie le ministère de l'Education (après avoir occupé un poste à Matsuyama, puis à Kumamoto), l'année 1907 qui correspond à sa démission de l'Université impériale de Tôkyô pour entrer au journal *Asahi* et se consacrer à la littérature après le succès fulgurant de *Wagahai wa neko de aru (Je suis un chat)*, et les dernières années de sa vie, tout particulièrement 1910, où après avoir frôlé la mort il redécouvre la joie profonde et vive de l'inspiration poétique, et 1914 où paraît *Kokoro (Le Pauvre Cœur des hommes)*.

Notre choix a été sous-tendu par le désir de présenter, non pas un certain nombre de haikus encore inconnus du lecteur, mais bien des haikus nés de la sensibilité de Sôseki, sans jamais toutefois oublier les limites désespérantes de cette tentative, puisqu'aussi bien la traduction, sans être nécessairement une trahison, un reflet ou une transposition de l'original, est toujours *autre chose*.

Nous avons en définitive gardé l'ordre chronologique, pour échapper à la fixité d'une classification par thèmes. Dans les Notes qui, en fin de volume, apportent des éclaircissements sur certains haikus, les numéros qui précèdent les poèmes correspondent à ceux figurant dans le tome 17 des *Œuvres complètes*. Ils sont suivis des deux systèmes de dates (Meiji 43 – 1910), ainsi que de la saison évoquée (à ne pas confondre avec *kigo*, le « terme de saison », qui bien souvent n'est justement pas le mot de la saison proprement dite, mais une suggestion de celle-ci : point n'est besoin de *nommer* l'automne si on utilise le mot *susuki*, qui devient alors *kigo*, sorte de point de repère dans le calendrier des sensations).

L'absence (ou presque) de ponctuation est intentionnelle, de même que le non-recours aux interjections, pour éviter de figer la lecture et tenter plutôt d'infléchir la sensibilité vers une impression, un paysage, une interprétation.

Il est en effet extrêmement délicat de chercher à « traduire » cet autre élément fondamental que sont les *kireji*, littéralement « signes de coupe », qui ne sont ni des pauses ni des césures, et dont les plus fréquemment utilisés sont *ya, kana, keri* et bien d'autres encore, car ils sont susceptibles, *ya* tout particulièrement, de servir à évoquer les nuances les plus diverses : intensité, doute, souhait, émotion, ordre, antiphrase... Toujours placé en fin de haiku, *kana* est plutôt comme une sorte de « point d'orgue », permettant à l'émotion de vibrer au cœur de celui qui a composé le poème, ainsi que de résonner dans le cœur de celui qui le lit.

Un mot enfin à propos de la contrainte métrique. Le haiku obéit à des normes strictes, le rythme 5-7-5, qui puise son véritable sens dans le génie de la langue japonaise. Force nous est d'avouer que le respect de ces normes n'a pas été notre souci majeur.

Enfin, nous avons tenté d'établir notre choix *de l'intérieur*, en évitant toutefois délibérément certains poèmes porteurs d'implications par trop complexes, de façon que le lecteur à qui Sôseki était inconnu puisse feuilleter ces pages au gré de sa sensibilité du moment et découvrir des correspondances. Quant à celui déjà familier de l'œuvre, il devrait lui être aisé de retrouver en filigrane les références à la vie de l'écrivain, le cheminement de sa pensée et de sa sensibilité et ainsi, en un mot, de pouvoir lire dans son cœur.

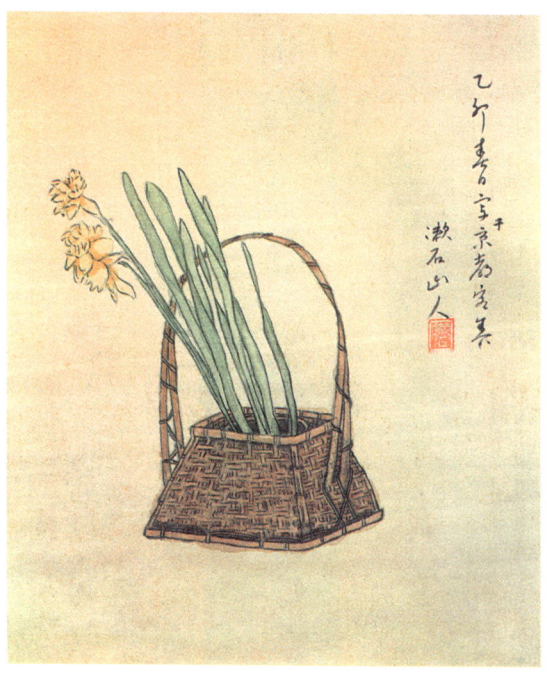

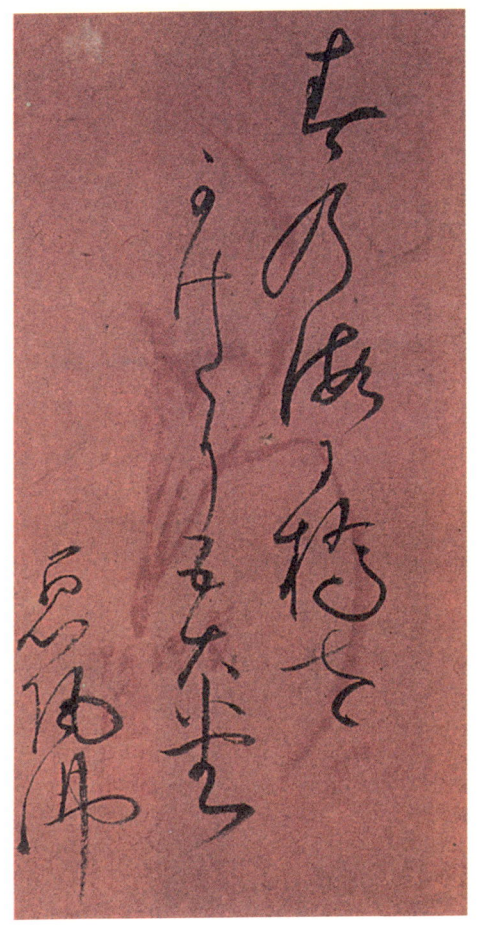

... à propos des peintures de Sôseki illustrant ce livre

« Dans la maison où j'habitais quand j'étais enfant, il y avait cinquante ou soixante kakémonos. Je les regardais l'un après l'autre, tantôt installé devant le *tokonoma*, tantôt à l'intérieur du *kura*, ou je profitais du moment où on les sortait de leur boîte pour les aérer. Mon grand plaisir était de rester là, blotti tout seul en face de ces kakémonos, à les contempler en silence. Aujourd'hui encore, plutôt que d'aller voir une pièce de théâtre bariolée comme une boîte à jouets renversée, je préfère de loin m'asseoir devant une peinture que j'aime. » (*Choses dont je me souviens,* chapitre 24.)

Cette attirance de Sôseki pour la peinture ne l'a jamais quitté, et on trouve tout au long de son œuvre, tant dans les romans que dans les conférences ou autres écrits, la peinture « en situation », décrite, analysée, ou simplement citée. Sôseki lui-même s'est exercé à cet art. L'une de ses premières aquarelles date de 1903 (*Ma tombe*). A partir de 1907, la création littéraire ne lui laissera plus la moindre disponibilité. C'est dans les dernières années de sa vie, à partir de 1912, que la peinture sera à nouveau pour lui, en même temps que l'écriture poétique, une source de plénitude. Avec Tsuda Seifû, peintre né à Kyôto en 1880, il s'essaya à la peinture à l'huile et à la peinture japonaise (*nihonga*). Très vite, il comprit que la peinture à l'huile ne correspondait pas à ses dons, et il se tourna vers les *nanga* (un style de peinture né au XVIIᵉ siècle, pratiqué par des artistes également poètes et dont les thèmes de prédilection sont les paysages, les arbres, les fleurs), surprenant Tsuda Seifû par la rapidité de ses progrès.

« Longtemps, je suis resté ignorant en matière de haiku. Quant aux poèmes chinois, autant dire que je ne suis qu'un profane. Et il va sans dire que si tous les poèmes que j'ai composés au cours de ma maladie ont transporté de joie leur auteur, je ne crois pas un seul instant qu'ils puissent trouver grâce aux yeux d'un spécialiste. (...) Les haikus et les poèmes que j'ai conçus pendant ma maladie ne sont pas le résultat d'une recherche destinée à tromper mon ennui, non plus que le fruit de l'oisiveté, non. Mon cœur, libéré de l'étouffante pression de la vie réelle, revenu à sa liberté originelle, a pris la forme de ces images irisées lorsqu'il a pu jouir d'une marge palpable, autant d'images venues du ciel, inspirées par les nuages, dans une intense plénitude. J'étais déjà heureux de ressentir l'inspiration, mais quand j'ai pu décortiquer en tout sens cette soif de création avant de faire halte au seuil d'un haiku ou d'un poème où me conduisait l'agencement des mots, j'ai connu le bonheur. » (*Choses dont je me souviens,* chapitre 5.)

Ce que dit l'écrivain à propos de sa production poétique nous semble pouvoir être appliqué à toutes les autres formes que revêtait pour lui la recherche d'une sérénité dans la plénitude, en même temps que nous est révélée sa pensée : « L'art commence par l'expression de soi, finit par l'expression de soi ».

E. S.

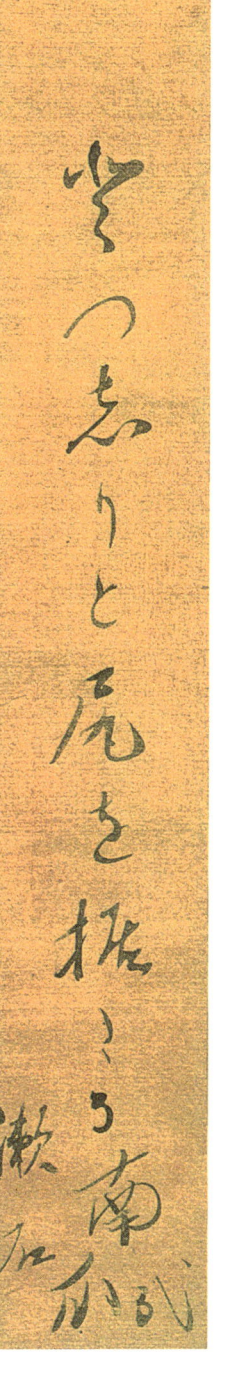

光つありと尻を据ゑる南瓜かな

漱石

Mon amour a la couleur de la nuit

Couleur des ténèbres

Que vient visiter la lune

Vent d'automne colore les feuilles

Est-ce lui qui a posé sur ma tête

Le premier cheveu blanc

Fleur de paulownia

Serait-ce la sainte

Née une seconde fois

Dans l'air vibre la corde

Silence tendu silence rompu

Chute mate d'une fleur de camélia

Dans la plaine acidulée
Un ruisseau ondule
Miroitement du colza en fleur

Sur l'aile du vent
Légère et lointaine
L'hirondelle

Pagode élancée dans le ciel
Et plus haut
Les feuilles mortes que le vent soulève

大正三年甲寅五月下浣寫於
溪虚碧堂漱石山人直一

Montagne hivernale

Y eût-il un promeneur

Resterait invisible

Si je pouvais être

L'hirondelle

Qui tout entière se donne à ses pensées

Montagne d'automne
Indolents les nuages traversent
Le silence du ciel

L'automne s'en va coule le temps
Seuls demeurent
Les nuages

Une seule étoile au ciel
Qui trouverait le sommeil
Dans la nuit glacée

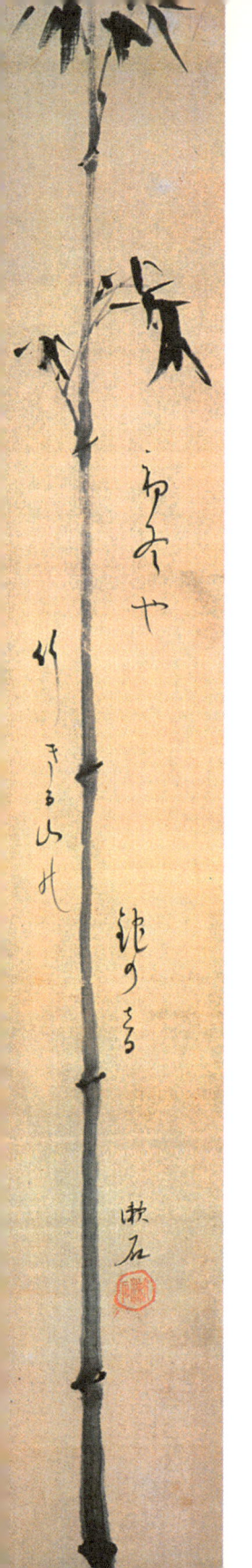

Quatre murs nus
Seule une lampe
Pour adoucir la chambre glacée

Premiers frimas
La montagne retentit de la lame
Qui coupe les bambous

Au bout de mon pinceau
Glacée
S'est figée une goutte d'eau

Frappé le gong
Exhale dans l'air recueilli
Un moustique assoupi

Le cœur offert au ciel
Les fleurs de la mort
Au bord du chemin

Vent d'est vent de printemps
Si je savais que tu m'attends
M'en irais de suite

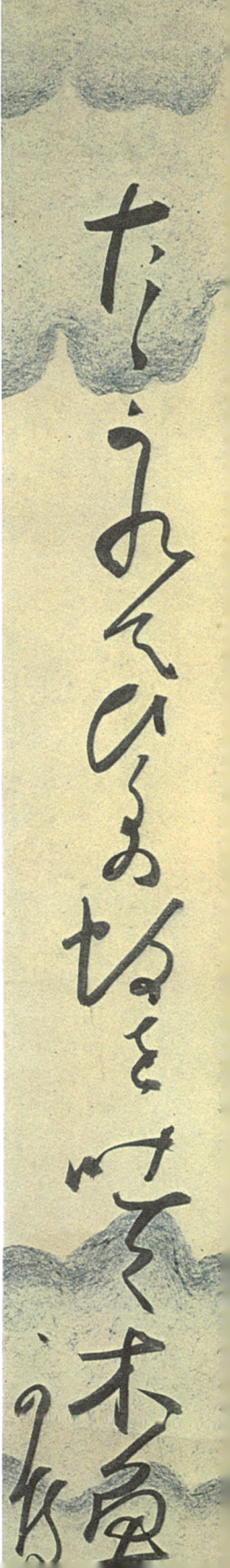

Une maison

Perce dans le silence

Le secret de la neige

Ciel et terre

Se fondent

Première brume

Fenêtres dans le soir

Rougeoyant des feux

Que la montagne allume

Estuaire printanier

Dans le lointain

Le campanile d'un temple

Visages graves
Eperdues d'amour
Les altières poupées

Au galop de mon cheval
Sans fin le vent printanier m'emporte
Eternel printemps

Estampe patinée par le temps
Il pleut sur Edo
Averse de printemps

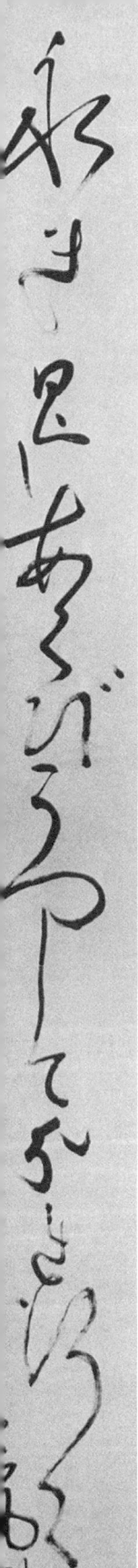

Journée de printemps qui s'étire
Un bâillement entraîne l'autre
Deux amis se quittent

Sous ma fenêtre un éclat jaune
Colza en fleur
Clair crépuscule d'un printemps de brume

Une luciole
Traverse en silence le salon
Vert de lune

Quatre ou cinq bambous

Brillent dans la nuit

Gouttes de lumière lunaire

Fleur d'un soir

Ephémère et mélancolique

Qui demain ne sera plus

Riant de son inutilité

Le luffa s'étire

A n'en plus finir

Secret des couleurs

Couleur du secret

Banderoles se mêlent et s'entremêlent

Hier encore il pleurait

Aujourd'hui

Il s'évente la mine dégagée

Vent d'hiver

Qui précipite dans la mer

Le soleil couchant

Emoussée la lame

Qui fend la pierre de riz

Emoussée l'année

Clapotis de l'eau

L'armoise argentée ploie sous la lame

Vagues printanières

Morte sur la terre

C'est elle dans le ciel

La grue resplendissante

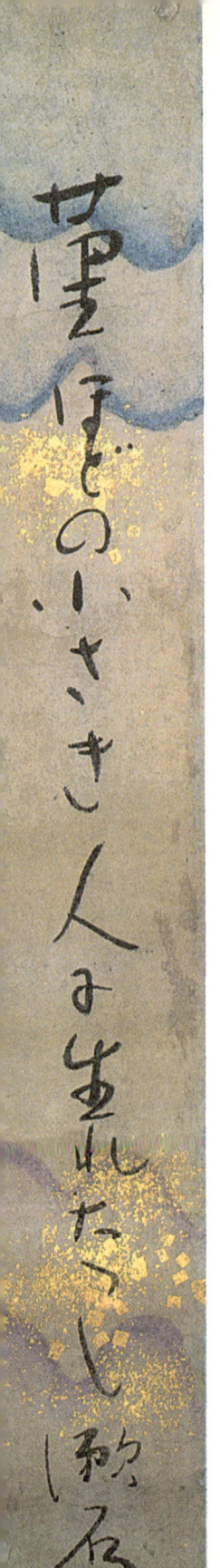

J'aimerais renaître
Si c'était possible
Aussi modeste qu'une violette

A peine hors de l'eau
Canicule oubliée canicule retrouvée
Stupeur des kappa

Le temps s'étire
Soirée de pluie printanière
Et moi je songe

La nature du Bouddha m'est apparue
Tout entière contenue
Dans une campanule blanche

Aujourd'hui je sais l'automne
Ruissellement de la pluie
Qui ne connaît pas de fin

Ah l'amertume des kakis
Etrangers l'un pour l'autre
Comment espérer d'autres rapports

Souffle le vent d'automne

La vieille valise prend le chemin de l'étagère

Et avec elle les souvenirs

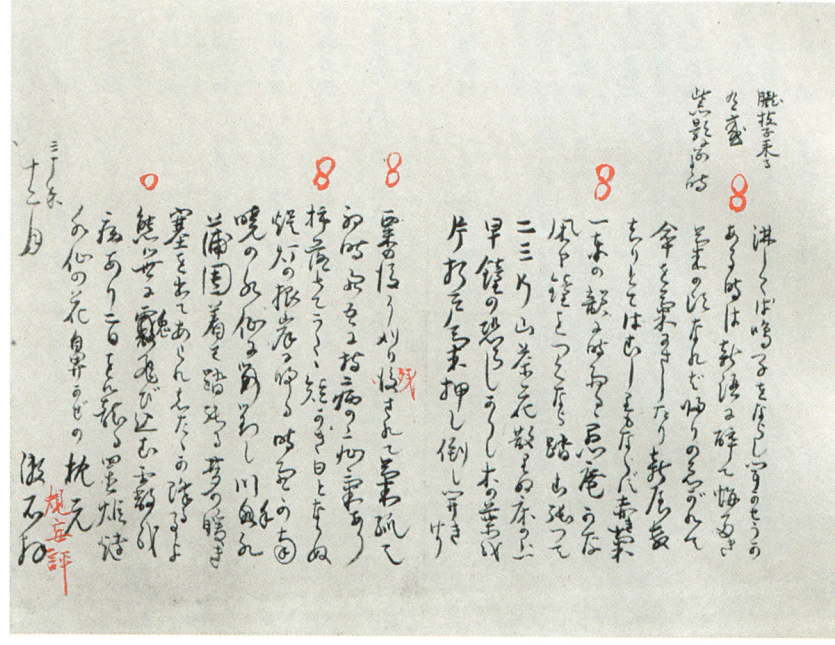

Lune solitaire

Abandonnée à la nuit

Qui donc vous regarde

Narines impuissantes
Pourtant à mon chevet
Des narcisses s'élève la senteur

L'année s'en va
Le chat demeure
Sur mes genoux blotti

Aux feuilles mortes
Que je voulais brûler
Déjà la grêle se mêle

Impardonnable voyageur

Me voici loin de tout

Effervescence de fin d'année

Sur le sentier du retour déjà

Le froid précurseur enveloppe les moines

Dans la bambouseraie profonde

Dialogue intime et familier

Si nuit d'automne plus longue était

Comme les deux se réjouiraient

Au chevet de l'épouse souffrante
Une lampe vient adoucir le silence
Fin d'automne

Journée d'automne
D'où vient cette froideur le cœur se serre
A l'heure de la séparation

Le ciel de cendre
Ploie sous les nuages
O lande désolée

Les perce-neige

Ont fleuri le paravent

De Kôrin

Par la vitre du train de nuit
Des taches blanches
Fleurs de prunier ?

Humble village
Sans avenir sans passé
Histoire de fleurs

Bruissement soyeux
Manches frôlées robes qui chuchotent
Pruniers en fleur

Jardin au crépuscule

Sans allumer la lampe ni tirer le volet

Je reste à contempler les fleurs

Fleur de prunier éclose avant l'heure

Je lui ai donné un nom

Pétales de neige

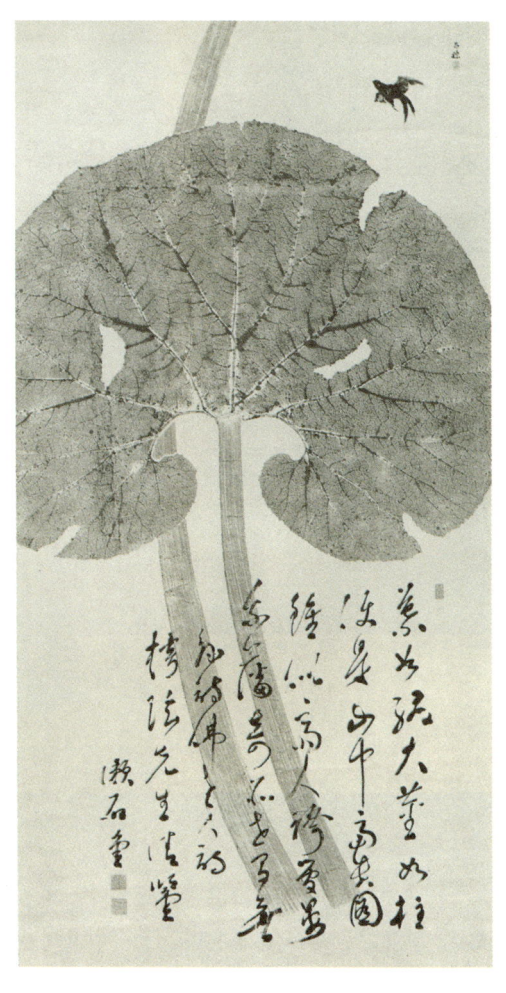

O pluie d'automne
Crépitant dans les feuilles mortes
Des cryptomères

L'eau de la cuvette me renvoie mon image

Froide et grise

L'automne est à la porte

Dans la salle obscure

Saisissant le silence

Un grillon chante

La science serait-elle un art

L'art de fabriquer

Les feux d'artifice...

Empaillée
La grive ne saurait chanter
Triste midi

L'enfant a vu le jour
Doux glissement vers la lumière
Telle une holothurie

Douceur de la soirée printanière
Douceur de s'abandonner
Aux tatamis bleutés

Me voici seul

Seul sur la mer

Que le vent balaie

L'astre rouge

Plonge dans la mer

Chaleur torride

O le froid

Qui étreint celui qui monte

Seul se coucher à l'étage

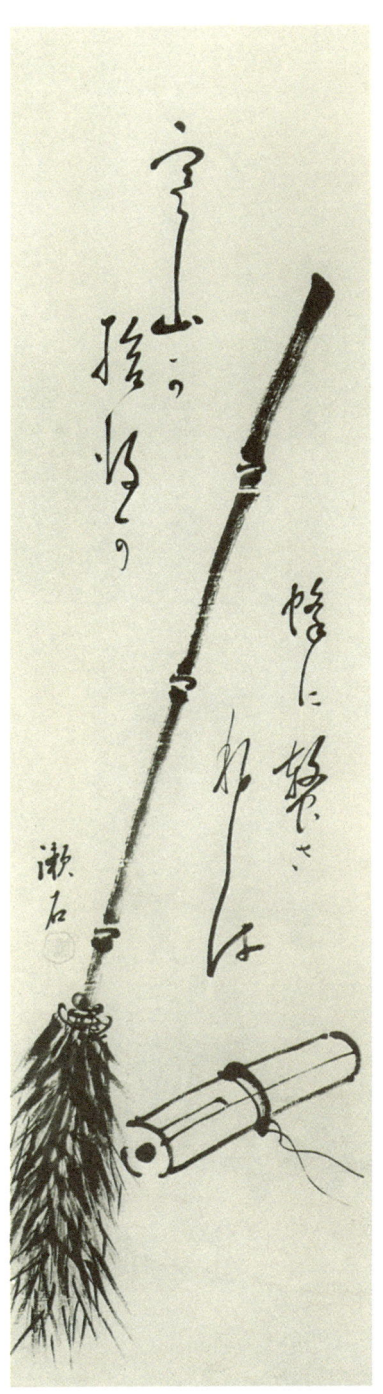

Me voici l'hôte

D'un royaume où les fleurs sont absentes

Printemps oublié

Automne de l'exil

De l'ami bien-aimé seules mes larmes

Ont suivi le cercueil

Mon cœur brûle

A sa mémoire un bâton d'encens

Fin d'automne

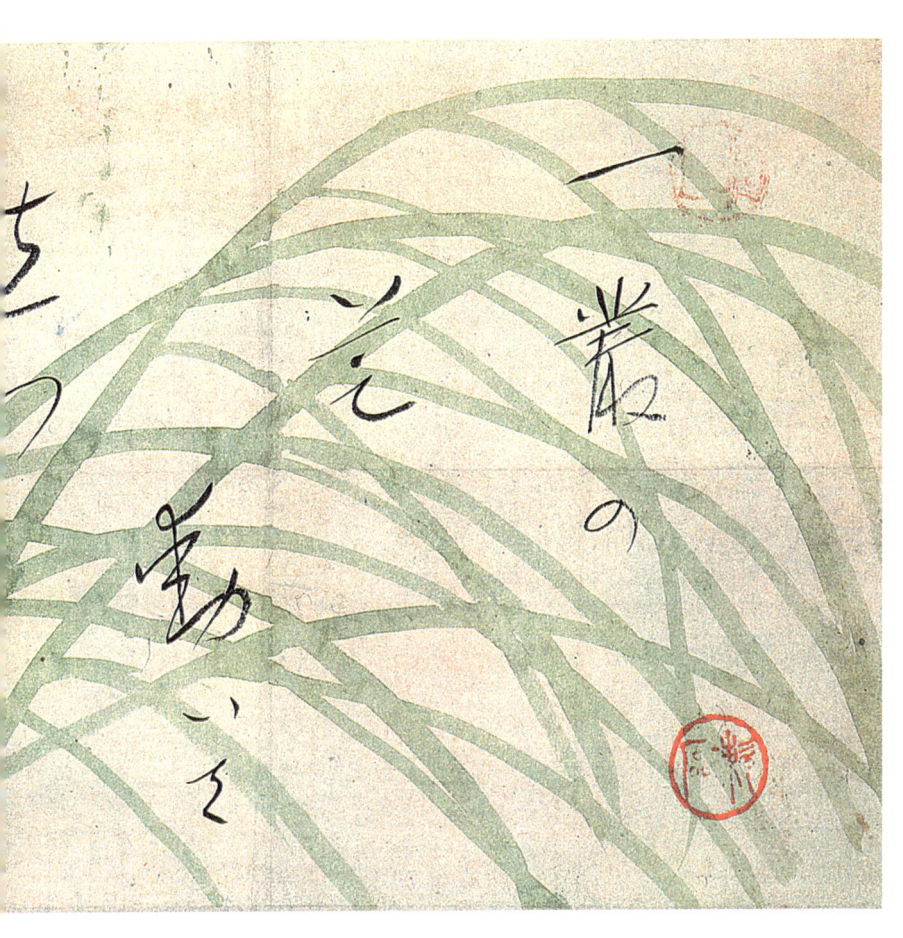

Revenir et me souvenir

Oui évoquer la mémoire du grillon familier

Mon ami n'est plus

Les susuki sont de retour

Nul ne les invite sur terre

Ami que ne reviens-tu

Vent d'automne

Ne cesse de souffler

O vieux micocoulier

Entre les feuilles du volubilis

Un reflet

Les prunelles du chat

Ponts innombrables
Lancés sur la rivière Kamo
Première brise de printemps

Le feu des prunelles
Dévore sa silhouette squelettique
Chat amoureux

Eau de printemps
La roche étreint
Jamais ne s'empare

Les fleurs sont tombées

Des pétales déchirés le courant a emporté

Jusqu'à l'ombre

Un instant encore

Le liseron fleurira

Ton sur ton avec l'arc-en-ciel

La brise d'automne se lève

Avec elle l'araignée

Toile scintillante

Comme il sera charmant

A deux

De choyer les poupées

Verts pruniers
Sur la cage vide
Les fils de la pluie

Sous mes yeux près de mon pinceau
Une libellule rouge s'est posée
Quelle âme accompagnait-elle ?

De cette terre qui sait
Un éclair jaillira
Dans le soir naissant

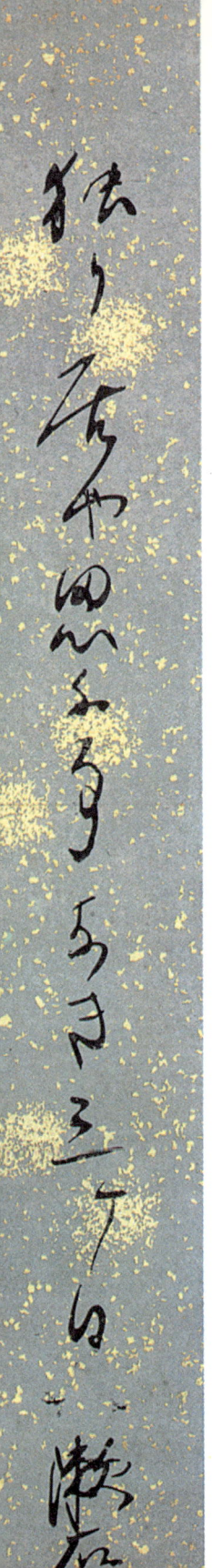

Odeur de la terre
Nostalgiques
Les pins de l'automne

Seul et solitaire je ne pense à rien
Déjà écoulés
Les trois premiers jours de l'année

Vent qui souffle
Sur les pétales diaphanes
Incline le coquelicot

L'ami s'en est allé
En rêve
La Voie lactée

Comme il résonne
Le martèlement du pieu
Dans la rivière d'automne

Brise d'automne
A peine rougis les feuillages
Gorge vermeille

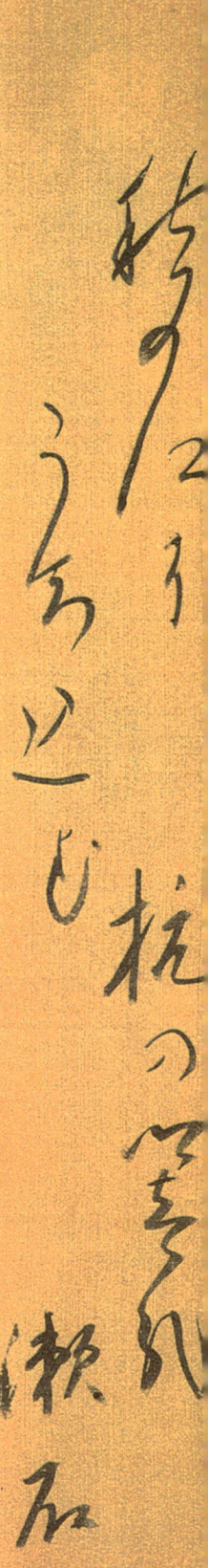

Claire journée d'automne

Le mal me laisse en paix

La lame lisse mes joues

Ciel d'automne

La hache traverse l'air ambré

Un cryptomère oscille

Nostalgie m'enveloppe

Pour le temps poétique

Robe de papier

Poitrine décharnée

Un souffle un soupir

Rafales de l'automne

Rêve de la libellule

Qui se pose

Sur la lame

Le fil de ma vie

Frêle susuki

Ne s'est pas rompu

Le chant des insectes de la nuit
Enveloppe mon corps malade
Mon cœur s'apaise

J'ai froid au cœur
Trois notes de shamisen
Inexplicablement mon cœur se glace

La vie est revenue
Joie
O les chrysanthèmes de l'automne

Je suis vivant

Mes yeux se lèvent vers le ciel si haut

Où vole une libellule rouge

De l'automne la montagne rougeoie

Mais les bambous vigoureux

Vivent leur printemps

Le visiteur s'en est allé

M'ordonnant de veiller avec soin

Sur l'automne

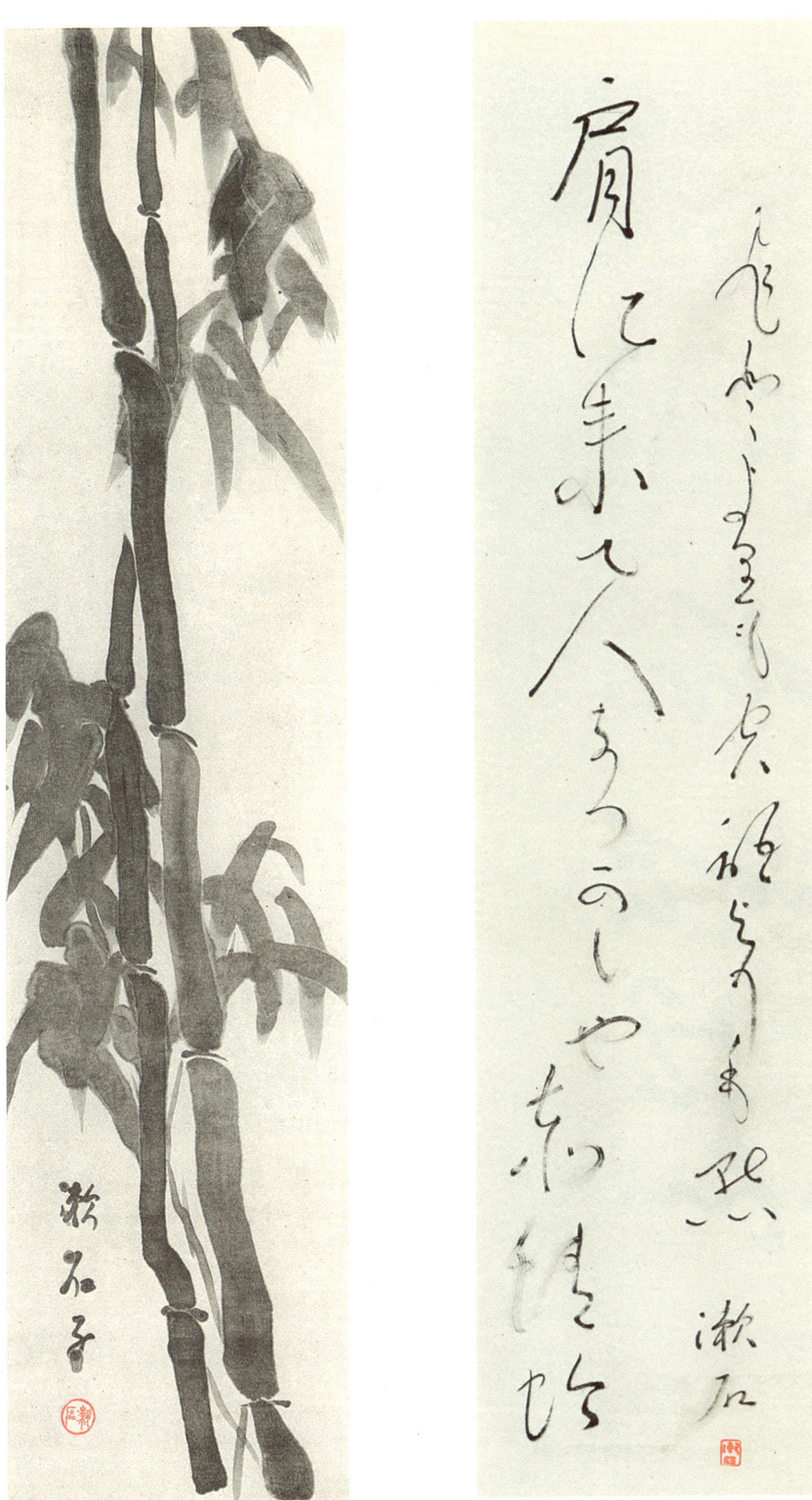

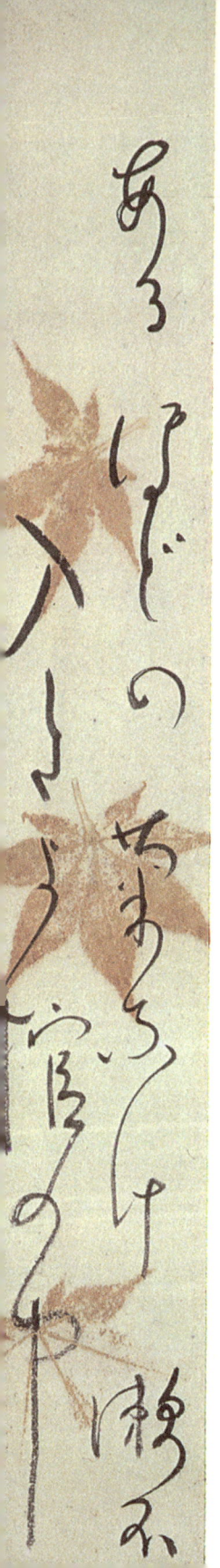

La lampe reste allumée
Claire est la chambre
Mais combien longue est la nuit

Les hommes meurent
Les hommes vivent
Passent les oies sauvages

La libellule rouge
Sur mon épaule s'est posée
Intime et familière

Traversant le ciel nocturne
Une oie sauvage s'est posée
Sur la lune

Remplissez son cercueil
De tous les chrysanthèmes du monde
Autant que la terre en peut fleurir

Alité je fais un rêve
Est-ce un torrent
Qui coule du ciel

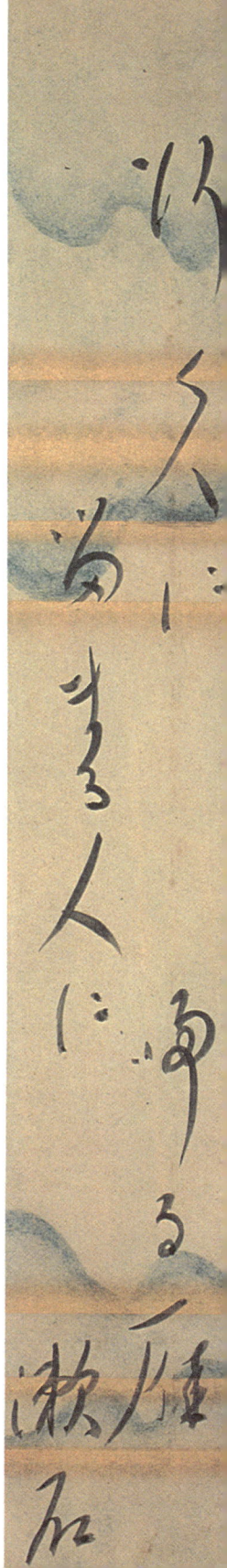

Demandez au vent

Quelle feuille tombera

La première

Imperceptible

Le pouls qu'ils ont veillé dans la nuit

Le jour se lève

A qui est-il destiné

Le feu follet allumé par celle qui porte

Un haori en gaze de soie

Dans la froideur du matin

Mes os sont vivants

Je reste immobile

Sur mes entrailles
Le bouillon de riz
Verse trois gouttes de printemps

Lames vives
Si proches les éclairs
Sommeil tourmenté

Lumière éteinte
Du ciel limpide une étoile se détache
Et entre par la fenêtre

Estampe au mur
Oubliée par le temps
Eternel printemps d'Edo

Bois musical
Au parfum de paulownia
Pluie de printemps

Seul je vais
A la lisière du pré solitaire
Ciel d'automne

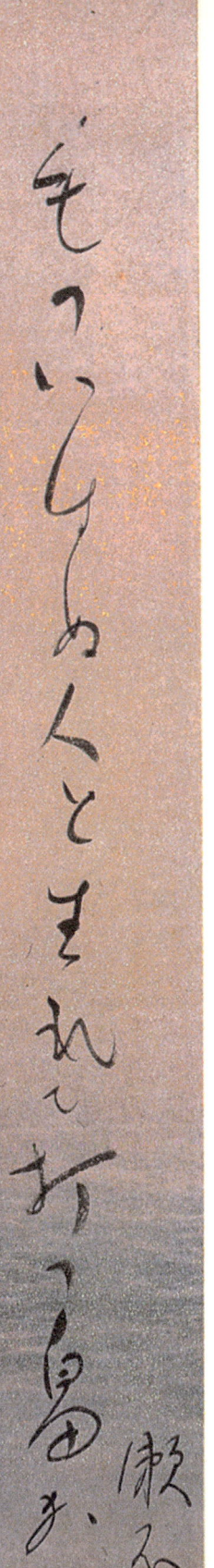

Dans le sanctuaire glacé
Jaillissement de lumière
Luit la divine statue

Le même pont
Trois fois j'ai traversé
Soir de printemps

Loin du monde
Mon cœur est libre
Journée de printemps

Pluie fine
Si fine qu'invisible pourtant
Des perles sur les fleurs

Ombre sur l'herbe douce
Le rêve du chien endormi s'élève
Comme une brume légère

Jeunes pousses de fougère
Ouvrant leurs petits poings
Enfin le printemps

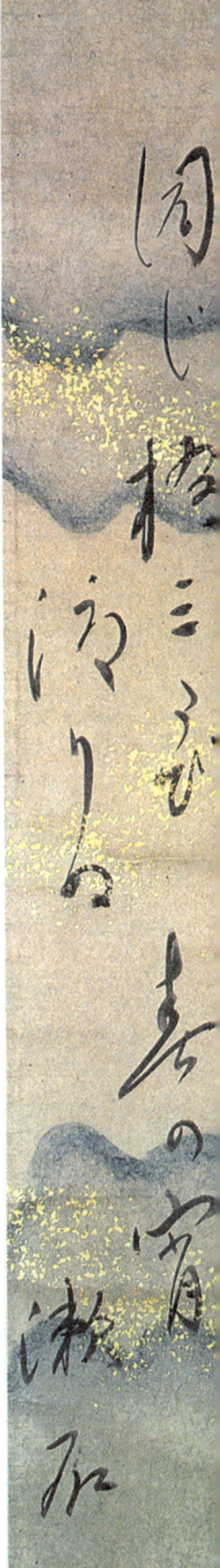

Au fond de l'eau

Un poisson un autre va-et-vient incessant

Eau vivace de printemps

Je l'ai mis en terre

Là où le vent d'automne

N'atteindra pas son oreille

Un bambou

Quatre cinq feuilles

Bientôt l'hiver

Dix printemps

Fleurs de prunier

Pour les dix ans de l'enfant

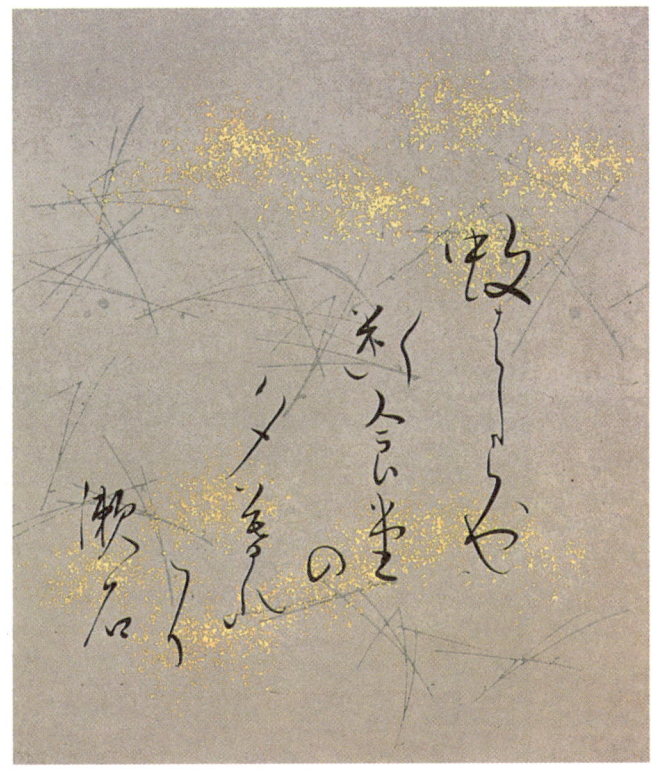

Averse de printemps

L'un contre l'autre ils vont

Un parapluie pour deux

Déjà l'automne
Voici que je laisse
Mon livre inachevé

Dans la vapeur du bain
Se dressent
Deux crânes rasés

Serait-ce déjà l'aube
Longue encore est la nuit
Mais si claire la lune

N O T E S

Les numéros en tête des haikus renvoient au tome 17, paru en 1996, des *Œuvres complètes* publiées chez Iwanami. Ils sont suivis de la date de rédaction, puis de la tonalité de saison.

N° 18 Meiji 24 (1891) Automne

Mon amour a la couleur de la nuit
Couleur des ténèbres
Que vient visiter la lune

*

N° 24 Meiji 24 (1891) Automne

Vent d'automne colore les feuilles
Est-ce lui qui a posé sur ma tête
Le premier cheveu blanc

*

N° 36 Meiji 24 (1891) Eté

Fleur de paulownia
Serait-ce la sainte
Née une seconde fois

L'un des treize haikus composés par Sôseki à la mémoire de Tose, sa belle-sœur, morte en 1891 à l'âge de vingt-cinq ans.

*

N° 44 Meiji 27 (1894) Printemps

Dans l'air vibre la corde
Silence tendu silence rompu
Chute mate d'une fleur de camélia

*

N° 49 Meiji 27 (1894) Printemps

Dans la plaine acidulée
Un ruisseau ondule
Miroitement du colza en fleur

*

N° 50 Meiji 27 (1894) Printemps

Sur l'aile du vent
Légère et lointaine
L'hirondelle

N° 116 Meiji 28 (1895) Hiver

Pagode élancée dans le ciel
Et plus haut
Les feuilles mortes que le vent soulève

*

N° 124 Meiji 28 (1895) Hiver

Montagne hivernale
Y eût-il un promeneur
Resterait invisible

L'un des nombreux haikus soumis à l'appréciation de Masaoka Shiki (cf. note du n° 1824), consigné dans le recueil des poèmes sélectionnés par le poète, *Shôroban.*

*

N° 171 Meiji 28 (1895) Printemps

Si je pouvais être
L'hirondelle
Qui tout entière se donne à ses pensées

Haiku de *Shôroban.* Il peut être intéressant de le rapprocher du n° 50, purement descriptif.

*

N° 212 Meiji 28 (1895) Automne

Montagne d'automne
Indolents les nuages traversent
Le silence du ciel

*

N° 295 Meiji 28 (1895) Automne

L'automne s'en va coule le temps
Seuls demeurent
Les nuages

*

N° 302 Meiji 28 (1895) Hiver

*Une seule étoile au ciel
Qui trouverait le sommeil
Dans la nuit glacée*

*

N° 307 Meiji 28 (1895) Hiver

*Quatre murs nus
Seule une lampe
Pour adoucir la chambre glacée*

L'expression « quatre murs » (*shihei tatsu* dans le texte) signifie en réalité une masure.

*

N° 410 Meiji 28 (1895) Hiver

*Premiers frimas
La montagne retentit de la lame
Qui coupe les bambous*

Haiku figurant dans le recueil *Shôroban*.

*

N° 469 Meiji 28 (1895) Hiver

*Au bout de mon pinceau
Glacée
S'est figée une goutte d'eau*

*

N° 498 Meiji 28 (1895) Eté

*Frappé le gong
Exhale dans l'air recueilli
Un moustique assoupi*

*

N° 506 Meiji 28 (1895) Automne

*Le cœur offert au ciel
Les fleurs de la mort
Au bord du chemin*

Le terme japonais qui désigne ces fleurs est *manjushage*, ou plus couramment *higanbana*, littéralement « les fleurs de l'équinoxe ». La tige est parfaitement lisse, sans feuilles, et les étamines sont longues, donnant l'impression d'une corolle bombée. Certaines sont jaune pâle mais la couleur la plus représentative est un rouge légèrement teinté de corail. Dans le bouddhisme, cette fleur fleurit au Ciel et écarte le mal de celui qui la regarde. Mais dans le langage courant, elle est associée à la mort et peut évoquer aussi l'image d'un enfant abandonné.

N° 531 Meiji 29 (1896) Printemps

*Vent d'est vent de printemps
Si je savais que tu m'attends
M'en irais de suite*

Ce haiku figure sur une carte adressée à Masaoka Shiki, datée du 12 janvier 1896. Sôseki se trouve alors à Matsuyama, et Shiki à Tôkyô.

*

N° 548 Meiji 29 (1896) Hiver

*Une maison
Perce dans le silence
Le secret de la neige*

*

N° 551 Meiji 29 (1896) Nouvel an

*Ciel et terre
Se fondent
Première brume*

*

N° 716 Meiji 29 (1896) Printemps

*Fenêtres dans le soir
Rougeoyant des feux
Que la montagne allume*

Vers le mois de février, on brûle les herbes desséchées sur les collines. Les cendres constituent de l'engrais, et la terre se trouve nettoyée des parasites.

*

N° 753 Meiji 29 (1896) Printemps

*Estuaire printanier
Dans le lointain
Le campanile d'un temple*

*

N° 764 Meiji 29 (1896) Printemps

*Visages graves
Eperdues d'amour
Les altières poupées*

Il s'agit des poupées qu'on a pris l'habitude d'exposer depuis l'époque d'Edo dans les maisons où il y a une fille, le 3 mars. La collection complète se compose de l'empereur et de l'impératrice, de trois dames du palais, cinq musiciens, pages et chambellans, ainsi que de tout le mobilier, mais on se limite souvent aux deux principales figures.

N° 776 Meiji 29 (1896) Printemps

Au galop de mon cheval
Sans fin le vent printanier m'emporte
Eternel printemps

Haiku figurant dans le recueil *Shôroban.*

*

N° 778 Meiji 29 (1896) Printemps

Estampe patinée par le temps
Il pleut sur Edo
Averse de printemps

*

N° 785 Meiji 29 (1896) Printemps

Journée de printemps qui s'étire
Un bâillement entraîne l'autre
Deux amis se quittent

Le 9 avril 1896, Sôseki fait ses adieux à Takahama Kyoshi avant de quitter Matsuyama pour rejoindre son nouveau poste à Kumamoto. Takahama Kyoshi (1874-1959), poète et ami de Sôseki, était un disciple de Masaoka Shiki et il dirigea la revue de poésie *Hototogisu.*

*

N° 792 Meiji 29 (1896) Printemps

Sous ma fenêtre un éclat jaune
Colza en fleur
Clair crépuscule d'un printemps de brume

*

N° 800 Meiji 29 (1896) Eté

Une luciole
Traverse en silence le salon
Vert de lune

*

N° 801 Meiji 29 (1896) Eté

Quatre ou cinq bambous
Brillent dans la nuit
Gouttes de lumière lunaire

L'expression « goutte de lumière lunaire » est empruntée à Valery Larbaud.

*

N° 848 Meiji 29 (1896) Eté

Fleur d'un soir
Ephémère et mélancolique
Qui demain ne sera plus

*

N° 904 Meiji 29 (1896) Automne

Riant de son inutilité
Le luffa s'étire
A n'en plus finir

Haiku figurant dans le recueil *Shôroban.*

*

N° 933 Meiji 29 (1896) Automne

Secret des couleurs
Couleur du secret
Banderoles se mêlent et s'entremêlent

Lors de la fête de Tanabata, le 7 juillet, qui marque les retrouvailles une fois l'an, sur les rives de la Voie lactée, de la Tisserande et du Bouvier, on écrit des poèmes ou des vœux sur des bandes de papier de différentes couleurs que l'on accroche à des branches de bambou.

*

N° 936 Meiji 29 (1896) Printemps

Hier encore il pleuvait
Aujourd'hui
Il s'évente la mine dégagée

*

N° 969 Meiji 29 (1896) Hiver

Vent d'hiver
Qui précipite dans la mer
Le soleil couchant

En décembre 1896, Sôseki effectue un « voyage scolaire » à Shimabara et Amakusa.

*

N° 1054 Meiji 30 (1897) Hiver

Emoussée la lame
Qui fend la pierre de riz
Emoussée l'année

Haiku figurant dans le recueil *Shôroban.* La préparation du *mochi* (riz pilé) est indissociable des fêtes du jour de l'an. La pâte, obtenue avec une variété spéciale de riz, durcit rapidement et ne se découpe pas aisément.

N° 1062 Meiji 30 (1897) Printemps

Clapotis de l'eau
L'armoise argentée ploie sous la lame
Vagues printanières

*

N° 1066 Meiji 30 (1897) Printemps

Morte sur la terre
C'est elle dans le ciel
La grue resplendissante

Ce haiku est une allusion directe à la palingénésie. Il se trouve dans le recueil *Shôroban*, ainsi que le suivant (n° 1098).

*

N° 1098 Meiji 30 (1897) Printemps

J'aimerais renaître
Si c'était possible
Aussi modeste qu'une violette

*

N° 1116 Meiji 30 (1897) Eté

A peine hors de l'eau
Canicule oubliée canicule retrouvée
Stupeur des kappa

Animal imaginaire, batracien, de la taille d'un enfant. Les *kappa* de ce haiku sont peut-être l'auteur lui-même et son beau-frère, alors au bord de la mer à Kamakura, non loin de Tôkyô.

*

N° 1160 Meiji 30 (1897) Printemps

Le temps s'étire
Soirée de pluie printanière
Et moi je songe

*

N° 1240 Meiji 30 (1897) Automne

La nature du Bouddha m'est apparue
Tout entière contenue
Dans une campanule blanche

Entre août et septembre 1897, Sôseki fait fréquemment l'aller et retour entre Tôkyô et Kamakura où sa femme se trouve en convalescence après une fausse couche. Il se rend au temple Engakuji, où il avait fait une retraite deux ans et demi plus tôt. (Cf. le roman *Mon* [*La Porte*], paru en 1911.)

N° 1260 Meiji 30 (1897) Automne

Aujourd'hui je sais l'automne
Ruissellement de la pluie
Qui ne connaît pas de fin

Figure dans une carte adressée à Masaoka Shiki (12 septembre 1897). Sôseki est de retour à Kumamoto.

*

N° 1263 Meiji 30 (1897) Automne

Ah l'amertume des kakis
Etrangers l'un pour l'autre
Comment espérer d'autres rapports

*

N° 1269 Meiji 30 (1897) Automne

Souffle le vent d'automne
La vieille valise prend le chemin de l'étagère
Et avec elle les souvenirs

Haiku figurant dans le recueil *Shôroban*.

*

N° 1273 Meiji 30 (1897) Automne

Lune solitaire
Abandonnée à la nuit
Qui donc vous regarde

*

N° 1321 Meiji 30 (1897) Hiver

Narines impuissantes
Pourtant à mon chevet
Des narcisses s'élève la senteur

*

N° 1327 Meiji 30 (1897) Hiver

L'année s'en va
Le chat demeure
Sur mes genoux blotti

*

N° 1328 Meiji 31 (1898) Hiver

Aux feuilles mortes
Que je voulais brûler
Déjà la grêle se mêle

*

N° 1340 Meiji 31 (1898) Hiver

Impardonnable voyageur
Me voici loin de tout
Effervescence de fin d'année

*

N° 1354 Meiji 31 (1898) Hiver

Sur le sentier du retour déjà
Le froid précurseur enveloppe les moines
Dans la bambouseraie profonde

*

N° 1388 Meiji 31 (1898) Automne

Dialogue intime et familier
Si nuit d'automne plus longue était
Comme les deux se réjouiraient

*

N° 1408 Meiji 31 (1898) Automne

Au chevet de l'épouse souffrante
Une lampe vient adoucir le silence
Fin d'automne

Haiku consigné dans *Shôroban*, ainsi que le suivant (n° 1420). Entre septembre et novembre 1898, la femme de Sôseki est sujette à des crises d'hystérie qui accompagneront les premiers mois de sa grossesse. (En juin ou juillet de la même année, elle avait fait une tentative de suicide.)

*

N° 1420 Meiji 31 (1898) Automne

Journée d'automne
D'où vient cette froideur le cœur se serre
A l'heure de la séparation

*

N° 1443 Meiji 32 (1899) Hiver

Le ciel de cendre
Ploie sous les nuages
O lande désolée

*

N° 1504 Meiji 32 (1899) Nouvel an

Les perce-neige
Ont fleuri le paravent
De Kôrin

Ogata Kôrin (1658-1716), artiste du milieu de l'époque d'Edo, né à Kyôto. Ses paravents en

particulier sont des chefs-d'œuvre de raffinement.

*

N° 1547 Meiji 32 (1899) Printemps

Par la vitre du train de nuit
Des taches blanches
Fleurs de prunier ?

*

N° 1548 Meiji 32 (1899) Printemps

Humble village
Sans avenir sans passé
Histoire de fleurs

*

N° 1584 Meiji 32 (1899) Printemps

Bruissement soyeux
Manches frôlées robes qui chuchotent
Pruniers en fleur

*

N° 1597 Meiji 32 (1899) Printemps

Jardin au crépuscule
Sans allumer la lampe ni tirer le volet
Je reste à contempler les fleurs

Il s'agit de fleurs de prunier.

*

N° 1641 Meiji 32 (1899) Printemps

Fleur de prunier éclose avant l'heure
Je lui ai donné un nom
Pétales de neige

*

N° 1683 Meiji 32 (1899) Automne

O pluie d'automne
Crépitant dans les feuilles mortes
Des cryptomères

*

N° 1694 Meiji 32 (1899) Automne

L'eau de la cuvette me renvoie mon image
Froide et grise
L'automne est à la porte

N° 1727 Meiji 32 (1899) Automne

Dans la salle obscure
Saisissant le silence
Un grillon chante

Ce poème, ainsi que les deux suivants (n°s 1728 et 1730), fait partie d'une série de haikus autour du Cinquième Lycée supérieur de Kumamoto, où Sôseki enseigna entre 1896 et 1900, jusqu'à son départ pour Londres.

*

N° 1728 Meiji 32 (1899) Eté

La science serait-elle un art
L'art de fabriquer
Les feux d'artifice...

*

N° 1730 Meiji 32 (1899) Automne

Empaillée
La grive ne saurait chanter
Triste midi

*

N° 1772 Meiji 32 (1899) Hiver

L'enfant a vu le jour
Doux glissement vers la lumière
Telle une holothurie

Le *kigo* ou « terme de saison » est ici *namako* (holothurie ou bêche-de-mer) et se rapporte à l'hiver. Mais Fude (ou Fudeko), la première fille de Sôseki, est née le 31 mai 1899. (Dans *Les Herbes du chemin*, on retrouve une sensation de même nature à propos du nouveau-né, exprimée à l'aide des termes *gélatineux, sans consistance, informe*.)

*

N° 1783 Meiji 33 (1900) Printemps

Douceur de la soirée printanière
Douceur de s'abandonner
Aux tatamis bleutés

C'est au printemps 1900 que Sôseki s'installe dans cette maison où il ne restera que peu de temps, puisqu'il quittera définitivement Kumamoto en juillet pour revenir à Tôkyô avant de s'embarquer à destination de l'Angleterre le 8 septembre.

*

N° 1789 Meiji 33 (1900) Automne

Me voici seul
Seul sur la mer
Que le vent balaie

Ce haiku figure sur une carte postale adressée à Terada Torahiko, physicien et essayiste, deux jours avant que Sôseki ne s'embarque pour l'Angleterre. Dans les « Souvenirs de Sôseki » laissés par la femme de l'écrivain, celle-ci raconte que le *tanzaku* (sorte de carton long et étroit, d'environ trente centimètres sur six) sur lequel il avait transcrit son poème resta accroché dans le *tokonoma* tout le temps de son absence, mais qu'il s'empressa de le déchirer dès qu'il fut de retour. (Le *tokonoma* est un espace légèrement surélevé par rapport aux tatamis, que l'on décore d'une peinture sur rouleau accordée à la saison ou aux circonstances, d'un vase ou d'un objet d'art.)

*

N° 1793 Meiji 33 (1900) Eté

L'astre rouge
Plonge dans la mer
Chaleur torride

Ce haiku figure dans le journal de Sôseki à la date du 10 octobre, lors de la traversée de la mer Rouge.

*

N° 1822 Meiji 35 (1902) Hiver

O le froid
Qui étreint celui qui monte
Seul se coucher à l'étage

Il s'agit de la cinquième et dernière résidence de Sôseki à Londres, située 81, The Chase, Clapham Common.

*

N° 1823 Meiji 35 (1902) Printemps

Me voici l'hôte
D'un royaume où les fleurs sont absentes
Printemps oublié

En japonais *hana*, littéralement « les fleurs », mais le terme désigne ici, comme c'est fréquemment le cas, les fleurs de cerisier.

*

N° 1824 Meiji 35 (1902) Automne

Automne de l'exil
De l'ami bien-aimé seules mes larmes
Ont suivi le cercueil

Sôseki se trouve encore à Londres lorsqu'il apprend la mort de Masaoka Shiki, survenue le 19 septembre 1902. Ami intime de Sôseki, né la même année, en 1867, il est le créateur d'un mouvement pour le renouveau de la poésie japonaise. C'est à son initiative que fut fondée la revue *Hototogisu*, que dirigera à sa suite Takahama Kyoshi, et qui accueillera en janvier 1905 un texte de Sôseki intitulé *Wagahai wa neko de aru* (*Je suis un chat*), qui se révélera être sa première grande œuvre. Les cinq haikus que Sôseki composa à la mémoire de son défunt ami furent consignés dans une lettre adressée à Takahama Kyoshi (1ᵉʳ décembre 1902) avant d'être publiés en février de l'année suivante dans la revue *Hototogisu*.

*

N° 1825 Meiji 35 (1902) Automne

Mon cœur brûle
A sa mémoire un bâton d'encens
Fin d'automne

*

N° 1827 Meiji 35 (1902) Automne

Revenir et me souvenir
Oui évoquer la mémoire du grillon familier
Mon ami n'est plus

*

N° 1828 Meiji 35 (1902) Automne

Les susuki sont de retour
Nul ne les invite sur terre
Ami que ne reviens-tu

Le *susuki* est une plante herbacée (*miscanthus sinensis*) dont les épis prennent à l'automne un reflet argenté.

*

N° 1870 Meiji 37 (1904) Automne

Vent d'automne
Ne cesse de souffler
O vieux micocoulier

*

N° 1872 Meiji 38 (1905) Automne

Entre les feuilles du volubilis
Un reflet
Les prunelles du chat

*

N° 1924 Meiji 40 (1907) Printemps

Ponts innombrables
Lancés sur la rivière Kamo
Première brise de printemps

Grande rivière, chère au cœur des poètes, qui traverse la partie est de Kyôto. En avril 1907 (Meiji 40), Sôseki est en voyage dans l'ancienne capitale.

*

N° 1928 Meiji 40 (1907) Printemps

Le feu des prunelles
Dévore sa silhouette squelettique
Chat amoureux

*

N° 1971 Meiji 40 (1907) Printemps

Eau de printemps
La roche étreint
Jamais ne s'empare

Ce haiku ainsi que le suivant (n° 1972) figurent sur une carte datée du 20 août 1907 et adressée à Tôyôjô (de son vrai nom, Matsune Toyojirô), poète et disciple de Sôseki, en réponse, semble-t-il, à une interrogation portant pour le premier sur l'amour qui lie un homme et une femme, sur l'homme abandonné par la femme aimée pour le second.

*

N° 1972 Meiji 40 (1907) Printemps

Les fleurs sont tombées
Des pétales déchirés le courant a emporté
Jusqu'à l'ombre

*

N° 1995 Meiji 40 (1907) Automne

Un instant encore
Le liseron fleurira
Ton sur ton avec l'arc-en-ciel

*

N° 1996 Meiji 40 (1907) Automne

La brise d'automne se lève
Avec elle l'araignée
Toile scintillante

*

N° 2045 Meiji 41 (1908) Printemps

Comme il sera charmant
A deux
De choyer les poupées

En guise d'épithalame, composé à l'occasion du mariage de Nomura Denshi, un disciple de Sôseki.

*

N° 2081 Meiji 41 (1908) Eté

Verts pruniers
Sur la cage vide
Les fils de la pluie

Sôseki envoya ce haiku à son disciple Tôyôjô qui lui avait appris la disparition de son oiseau (dans une carte portant la date du 30 juin 1908).

*

N° 2084 Meiji 41 (1908) Automne

Sous mes yeux près de mon pinceau
Une libellule rouge s'est posée
Quelle âme accompagnait-elle ?

Sôseki a utilisé ici le terme *shôryô* (l'expression complète est *shôryô tombo*, *tombo* voulant dire *libellule*). Riche d'évocations, il désigne au moment du *Bon* (fête des morts) la libellule rouge, espèce assez rare, qui est indissociable de l'image de l'âme. Les dates du *Bon* varient selon les régions, entre juillet et août, mais de façon générale cette fête marque l'entrée dans l'automne, qui débute vers le 7 août dans l'ancien calendrier.

*

N° 2085 Meiji 41 (1908) Automne

De cette terre qui sait
Un éclair jaillira
Dans le soir naissant

En guise d'épitaphe. Le chat de Sôseki, modèle de *Je suis un chat*, est mort le 13 septembre 1908. (Cf. *Petits contes de printemps*, « La tombe du chat ».)

N° 2106 Meiji 42 (1909) Automne

Odeur de la terre
Nostalgiques
Les pins de l'automne

Composé lors d'un voyage en Mandchourie, dans le train qui ramenait Sôseki vers la frontière de la Corée (actuelle Corée du Nord). Une fois à Andong, il descend vers le sud et passe à Pyong-yang. (Noté dans son journal du 28 septembre 1909.)

*

N° 2115 Meiji 43 (1910) Nouvel an

Seul et solitaire je ne pense à rien
Déjà écoulés
Les trois premiers jours de l'année

*

N° 2117 Meiji 43 (1910) Eté

Vent qui souffle
Sur les pétales diaphanes
Incline le coquelicot

Le mot désignant le coquelicot (ou le pavot), en japonais *gubijinsô*, n'apparaît pas dans le haiku, mais Sôseki l'a écrit sur un dessin représentant cette fleur. *Gubijinsô* est également le titre d'un roman de Sôseki qui parut en janvier 1908 (Meiji 41).

*

N° 2123 Meiji 43 (1910) Automne

L'ami s'en est allé
En rêve
La Voie lactée

Le 18 juin 1910, Sôseki est hospitalisé pour soigner un ulcère à l'estomac. Le 31 juillet, il quitte l'hôpital et part se reposer à Shuzenji, petite station thermale située dans la péninsule d'Izu, à cent cinquante kilomètres environ de Tôkyô. Le 24 août, une hémorragie le laissera sans connaissance pendant trente minutes. Dès le début du mois de septembre cependant, il peut reprendre le carnet qui lui tient lieu de journal et où il notera de nombreux haikus. C'est cette expérience de la maladie et de la perte de conscience qui se trouve relatée dans *Choses dont je me souviens* (*Omoidasu koto nado*), texte en prose émaillé de haikus et de *kanshi* (poèmes en chinois classique). Au chapitre 5,

Sôseki s'explique lui-même sur ce haiku ainsi que sur le haiku en général. Les nᵒˢ 2124, 2125 et 2127 proviennent du même chapitre.

*

N° 2124 Meiji 43 (1910) Automne

Comme il résonne
Le martèlement du pieu
Dans la rivière d'automne

*

N° 2125 Meiji 43 (1910) Automne

Brise d'automne
A peine rougis les feuillages
Gorge vermeille

*

N° 2126 Meiji 43 (1910) Automne

Claire journée d'automne
Le mal me laisse en paix
La lame lisse mes joues

Ce haiku est consigné dans le journal de Sôseki, à la date du 12 septembre 1910.

*

N° 2127 Meiji 43 (1910) Automne

Ciel d'automne
La hache traverse l'air ambré
Un cryptomère oscille

*

N° 2132 Meiji 43 (1910) Hiver

Nostalgie m'enveloppe
Pour le temps poétique
Robe de papier

En japonais *kamiko*, littéralement « vêtement de papier », utilisé jadis pour se protéger du froid.

*

N° 2135 Meiji 43 (1910) Automne

Poitrine décharnée
Un souffle un soupir
Rafales de l'automne

Le terme *nowaki* (littéralement « vent qui sépare les herbes ») désigne le vent violent qui souffle aux premiers jours de septembre. (C'est aussi le titre d'un roman de Sôseki, paru en 1908.)

*

N° 2140 Meiji 43 (1910) Automne

Rêve de la libellule
Qui se pose
Sur la lame

*

N° 2142 Meiji 43 (1910) Automne

Le fil de ma vie
Frêle susuki
Ne s'est pas rompu

*

N° 2144 Meiji 43 (1910) Automne

Le chant des insectes de la nuit
Enveloppe mon corps malade
Mon cœur s'apaise

*

N° 2145 Meiji 43 (1910) Automne

J'ai froid au cœur
Trois notes de shamisen
Inexplicablement mon cœur se glace

En japonais *yosogokoro* signifie « froid, indifférent, insensible », mais il semble possible d'interpréter ce haiku comme l'expression de la tristesse de Sôseki que son extrême faiblesse empêche de quitter Shuzenji pour retrouver sa maison de Tôkyô.

*

N° 2148 Meiji 43 (1910) Automne

La vie est revenue
Joie
O les chrysanthèmes de l'automne

Ce haiku est consigné dans le journal de Sôseki, précédé de : « Joie. A deux doigts de la mort, j'ai pu me retenir au fil de la vie. Je suis heureux. »

*

N° 2155 Meiji 43 (1910) Automne

Je suis vivant
Mes yeux se lèvent vers le ciel si haut
Où vole une libellule rouge

*

N° 2157 Meiji 43 (1910) Automne

De l'automne la montagne rougeoie
Mais les bambous vigoureux
Vivent leur printemps

En automne, les bambous ont le tronc et les feuilles d'un vert vif, d'où l'expression « printemps des bambous ».

*

N° 2161 Meiji 43 (1910) Automne

Le visiteur s'en est allé
M'ordonnant de veiller avec soin
Sur l'automne

Sôseki avait reçu la visite de Sugimura Sojinkan, journaliste de l'*Asahi* et essayiste.

*

N° 2164 Meiji 43 (1910) Automne

La lampe reste allumée
Claire est la chambre
Mais combien longue est la nuit

*

N° 2204 Meiji 43 (1910) Automne

Les hommes meurent
Les hommes vivent
Passent les oies sauvages

Cf. *Choses dont je me souviens*, chapitre 2.

*

N° 2214 Meiji 43 (1910) Automne

La libellule rouge
Sur mon épaule s'est posée
Intime et familière

Cf. *Choses dont je me souviens*, chapitre 24.

*

N° 2222 Meiji 43 (1910) Automne

Traversant le ciel nocturne
Une oie sauvage s'est posée
Sur la lune

Cf. *Choses dont je me souviens*, chapitre 2.

*

N° 2242 Meiji 43 (1910) Automne

Remplissez son cercueil
De tous les chrysanthèmes du monde
Autant que la terre en peut fleurir

Cf. *Choses dont je me souviens*, chapitre 7. Sôseki a composé ce haiku alors qu'il était hospitalisé à Tôkyô, à la mémoire d'Otsuka

Kusuoko, femme de lettres et amie de l'écrivain, dont il venait d'apprendre la mort.

*

N° 2244 Meiji 43 (1910) Automne

Alité je fais un rêve
Est-ce un torrent
Qui coule du ciel

Cf. *Choses dont je me souviens*, chapitre 10. Au cours du mois d'août 1910 eurent lieu les inondations les plus importantes de l'époque Meiji.

*

N° 2245 Meiji 43 (1910) Automne

Demandez au vent
Quelle feuille tombera
La première

Cf. *Choses dont je me souviens*, chapitre 11.

*

N° 2247 Meiji 43 (1910) Automne

Imperceptible
Le pouls qu'ils ont veillé dans la nuit
Le jour se lève

Cf. *Choses dont je me souviens*, chapitre 14.

*

N° 2249 Meiji 43 (1910) Automne

A qui est-il destiné
Le feu follet allumé par celle qui porte
Un haori en gaze de soie

Cf. *Choses dont je me souviens*, chapitre 17. On allume un feu à l'entrée de la maison au soir de la fête des morts, pour accueillir l'âme des ancêtres.

*

N° 2250 Meiji 43 (1910) Automne

Dans la froideur du matin
Mes os sont vivants
Je reste immobile

Cf. *Choses dont je me souviens*, chapitre 18.

*

N° 2261 Meiji 44 (1911) Printemps

Sur mes entrailles
Le bouillon de riz
Verse trois gouttes de printemps

Cf. *Choses dont je me souviens*, chapitre 26.

N° 2270 Meiji 44 (1911) Automne

Lames vives
Si proches les éclairs
Sommeil tourmenté

En août 1911, à la demande du journal *Asahi*,
Sôseki donne une série de conférences dans le
Kansai (Wakayama, Sakai, Ôsaka). Son estomac
le fait à nouveau violemment souffrir. Ce haiku
semble avoir été composé (ainsi que le suivant,
n° 2271) de la clinique où il avait dû être hospi-
talisé, à Ôsaka.

*

N° 2271 Meiji 44 (1911) Automne

Lumière éteinte
Du ciel limpide une étoile se détache
Et entre par la fenêtre

*

N° 2290 Meiji 45 (1912) Printemps

Estampe au mur
Oubliée par le temps
Eternel printemps d'Edo

Ce haiku fait partie d'une série composée à la
demande de Matsune Tôyôjô.

*

N° 2306 Meiji 45 (1912) Printemps

Bois musical
Au parfum de paulownia
Pluie de printemps

En japonais *kiri*, paulownia, qui sert notamment
à façonner les *koto*, sortes de longue harpe hori-
zontale à treize cordes.

*

N° 2319 Taishô 3 (1914) Automne

Seul je vais
A la lisière du pré solitaire
Ciel d'automne

*

N° 2320 Taishô 3 (1914) Hiver

Dans le sanctuaire glacé
Jaillissement de lumière
Luit la divine statue

*

N° 2324 Taishô 3 (1914) Printemps

Le même pont
Trois fois j'ai traversé
Soir de printemps

*

N° 2330 Taishô 3 (1914) Printemps

Loin du monde
Mon cœur est libre
Journée de printemps

*

N° 2350 Taishô 3 (1914) Printemps

Pluie fine
Si fine qu'invisible pourtant
Des perles sur les fleurs

*

N° 2377 Taishô 3 (1914) Printemps

Ombre sur l'herbe douce
Le rêve du chien endormi s'élève
Comme une brume légère

*

N° 2378 Taishô 3 (1914) Printemps

Jeunes pousses de fougère
Ouvrant leurs petits poings
Enfin le printemps

*

N° 2384 Taishô 3 (1914) Printemps

Au fond de l'eau
Un poisson un autre va-et-vient incessant
Eau vivace de printemps

*

N° 2434 Taishô 3 (1914) Automne

Je l'ai mis en terre
Là où le vent d'automne
N'atteindra pas son oreille

Sôseki vient d'apprendre que son chien, Hector,
a été retrouvé mort (31 octobre 1914). L'épisode
est raconté au chapitre 5 d'*A travers la vitre*.

*

N° 2447 Taishô 4 (1915) Automne

Un bambou
Quatre cinq feuilles
Bientôt l'hiver

N° 2448 Taishô 4 (1915) Printemps

Dix printemps
Fleurs de prunier
Pour les dix ans de l'enfant

Ce haiku est adressé à Shizue, la fille de Takita Choin, rédacteur de la revue *Chûô Kôron*.

*

N° 2475 Taishô 5 (1916) Printemps

Averse de printemps
L'un contre l'autre ils vont
Un parapluie pour deux

*

N° 2484 Taishô 5 (1916) Automne

Déjà l'automne
Voici que je laisse
Mon livre inachevé

Ce haiku figure dans une lettre de Sôseki adressée à Akutagawa, le 2 septembre 1916.

*

N° 2491 Taishô 5 (1916) Hiver

Dans la vapeur du bain
Se dressent
Deux crânes rasés

Il s'agit de Kimura Genjô et de Tomizawa Keidô, deux moines du temple zen situé à Kôbe, le Shôfukuji, qui passèrent environ une semaine dans la maison de Sôseki lors d'un séjour qu'ils effectuèrent à Tôkyô en octobre 1916.

*

N° 2517 Sans date (Meiji 43 – 1910 ?) Automne

Serait-ce déjà l'aube
Longue encore est la nuit
Mais si claire la lune

Sans date. Il est cependant permis de penser qu'il fut rédigé en automne 1910.

*

TABLE DES ILLUSTRATIONS

Nous remercions les éditions Kadokawa, les éditions Iwanami et le musée de Littérature japonaise moderne pour leur gracieuse autorisation de reproduire les illustrations contenues dans ce livre.

En couverture Motif de la couverture des *Œuvres complètes* de Sôseki, publiées par les éditions Iwanami (depuis la première collection éditée en 1917 jusqu'à la plus récente). C'est à l'origine le motif principal de la couverture ayant servi à *Kokoro* (*Le Pauvre Cœur des hommes*), conçue par l'écrivain lui-même, séduit par l'aspect insolite des *kanji* (caractères chinois) qui sont la reproduction d'un « calque » d'une inscription sur pierre de la Chine ancienne.

p. 5, 16, 20, 98 Sceaux de Sôseki. L'écrivain en possédait une importante collection (une quarantaine figurent dans les *Œuvres complètes*).

p. 7 *Rayons de livres*, aquarelle, octobre 1903. 17,5 x 10,5.

p. 9 Calligraphie de 1911 du *kanshi* (poème en chinois classique) composé le 25 septembre 1910, qui se trouve au chapitre 5 de *Choses dont je me souviens*. 136,8 x 32,6.

p. 10 Carte de Sôseki adressée à Masaoka Shiki, 12 janvier 1896.

p. 11 *Nanga* de 1912, accompagné d'un *kanshi*. 66,5 x 45.

p. 13 Calligraphie d'un texte d'un poète chinois, 1916. 33,1 x 51,7.

p. 14 *Chemin bordé de pins, nanga*, 1914. 135 x 32,5.

p. 15 *Chrysanthèmes et haiku*, 1916. 20,7 x 18,2. Il s'agit du haiku n° 2490 : *Aki to nareba / take mo kaku nari / haikaishi*. Sôseki a remplacé les bambous (*take*) du poème par des chrysanthèmes (*kiku*).

p. 18 *Narcisses* (sur soie), 1916. 40,5 x 34.

p. 19 Haiku n° 781 adressé à Masaoka Shiki, 1896. 18,1 x 9,2.

p. 21 *Tanzaku*, haiku n° 1038, 1896. 36 x 6.

p. 23 *Glycine*, 1915. 23,8 x 35,5.

p. 25 *Nanga*, 1914. 97 x 40.

p. 26 *Porte-pinceaux et brûle-parfum*, 1915. 24,3 x 36,6.

p. 28 *Tanzaku*, 1914. Voir haiku n° 498 : *Tatakarete / hiru no ka wo haku / mokugyo kana*.

p. 29 *Bambou et haiku*, 1915. 116,1 x 19,9. Voir haiku n° 410 : *Hatsu fuyu ya / take kiru yama no / nata no oto*.

p. 31 *Le passage de la porte de pierre, nanga*, novembre 1914. 134,2 x 32,3. A droite, *Ermitage*, novembre 1915. 133 x 33.

p. 32 *Paysage*, 1916. 53,2 x 33.

p. 34 Voir haiku n° 785 : *Nagaki hi ya / akubi utsushite / wakare yuku*. 125,7 x 13.

p. 35 Autoportrait, sur une carte adressée au poète Doi Bansui, 2 février 1905.

p. 36 Sur papier en forme d'éventail, haiku de 1909 (n° 2097), offert à Suzuki Shizuka, frère du mari de Tokiko, la belle-sœur de Sôseki.

p. 39 *Lune et susuki*, aquarelle, 1906. 32 x 16,4.

p. 40 *Tanzaku*, 1910 ou 1911. Voir haiku n° 1098 : *Sumire hodo na / chiisaki hito ni / umaretashi*.

p. 41 *Tanzaku*. Haiku de 1908 (n° 2052).

p. 42 Manuscrit envoyé à Masaoka Shiki, décembre 1897. 24,2 x 32,8.

p. 43 *Tanzaku* (soie), 1916, du peintre Yûki Somei, qui accompagne un deuxième *tanzaku* (non reproduit) portant une calligraphie de la main de Sôseki : *Wagahai wa neko de aru* (*Je suis un chat*).

p. 45 *Nanga*, 1913 ou 1914, accompagné du haiku n° 1354 : *Sô kaeru / take no uchi koso / samukarame*. 97,3 x 33,1.

p. 47 *Ma tombe*, aquarelle, 1903 (?). 18,5 x 11.

p. 48 *L'auberge au prunier*, 1915 ou 1916, portant un haiku de 1914 (n° 2341). 130 x 29,9.

p. 49 *Azalée*, 1915 (?). 23,8 x 35,5.

p. 50 *Tussilage*, du peintre Hirafuku Hyakusui, accompagné du *kanshi* d'un poète de l'époque d'Edo, calligraphié de la main de Sôseki, 1916. 178,5 x 89,6.

p. 53 *Mon bureau*, 1913.

p. 55 1914 ou 1915, portant un haiku de 1897

(n° 1069). 127,3 x 33,2. A droite, *Bambou*, de Hirafuku Hyakusui, qui a peut-être inspiré à Sôseki un haiku de 1903 (n° 1830). 110,7 x 20,2.

p. 57 *Susuki*, 1914. 26,8 x 38,8.

p. 58 *Ansérine et chat noir*, 1914. 130 x 32,2.

p. 59 1916. 130,3 x 30. Seule la calligraphie est de la main de Sôseki (haiku de 1915, n° 2436).

p. 61 *Le pêcheur sous l'arbre*, 1913. 40,4 x 18.

p. 62 : *Porte-pinceaux et livres*, aquarelle, 1911 ou 1912. 17,8 x 11.

p. 64 *Tanzaku*, 1914 ou 1915. Voir haiku n° 2115 : *Hitorii ya / omou koto naki / sanganichi.*

p. 65 *Tanzaku*, 1916. Voir haiku n° 2124 : *Aki no e ni / uchikomu kui no / hibiki kana.*

p. 67 *Trois canards*, aquarelle, 1903 ou 1904. 14,9 x 11.

p. 68 *Chrysanthème*, 1916. 33,3 x 38,9.

p. 71 *Bambou*, 1916. 133 x 32. A droite, calligraphie du haiku n° 2214 : *Kata ni kite / hito*

natsukashi ya / akatombo (précédé de : « Plus qu'une présence, le vide, plus que la parole, le silence »). 131 x 33,1.

p. 72 *Tanzaku*, 1916. Voir haiku n° 2204 : *Yuku hito ni / todomaru hito ni / kuru gan.*

p. 73 *Tanzaku*, 1915. Voir haiku n° 2242 : *Aru hodo no / kiku nageireyo / kan no naka.*

p. 75 *Camélia*, 1915. 39,2 x 36,5.

p. 76 *Fleurs des champs*, aquarelle, 1904. 32 x 16,4.

p. 79 *Nanga*, 1915. 132 x 33,3.

p. 80 *Tanzaku*, 1916. Voir haiku n° 2324 : *Onaji hashi / mitabi watarinu / haru no yoi.*

p. 81 *Tanzaku*, 1907. Haiku de 1907 (n° 1914).

p. 83 *Shikishi* (carton d'environ 20 x 16 cm, destiné comme le *tanzaku* à porter calligraphies ou dessins), 1916. Portant le haiku n° 2511, sans date.

p. 84 *Paysan dans le bois de bambous*, 1913 ou 1914. 40,5 x 18,3.

ACHEVÉ D'IMPRIMER
SUR LES PRESSES
DE L'IMPRIMERIE IFC
À SAINT-GERMAIN-DU-PUY

DÉPÔT LÉGAL : OCTOBRE 2001